SECRETOS DE MARKETING EN INSTAGRAM 2021

La guía definitiva para principiantes para hacer crecer sus seguidores, convertirse en un influencer de las redes sociales y ganar más dinero

GARY GODIN Y ALLAN KENNEDY

Reconocimiento

Quiero agradecerles por comprar mi libro y por confiar en mí, sinceramente ... ¡Gracias!

Escribir un libro es más difícil de lo que pensaba y más gratificante de lo que jamás hubiera imaginado.
Mi agradecimiento es a todos ustedes, lectores, les agradezco porque sin ustedes no podría ser lo que soy, sin ustedes mis libros simplemente... ¡no existirían!
Me gustaría presentarles todos mis trabajos y, si les gustan, los invito a dejar una calificación positiva; ¡Esto me ayudará a continuar mi trabajo y ayudará a otras personas a comprar lo que buscan!

De nuevo ... ¡Gracias!

Gary Godin and Allan Kennedy

!! Haga clic para ver mis libros !!

!! Haga clic para ver mis libros !!

Gary Godin and Allan Kennedy

iv

Tabla de contenidos

Introducción

Las pequeñas empresas siempre pueden aprovechar cualquier ventaja que puedan obtener, especialmente cuando se trata de publicidad. No siempre es fácil luchar en el concurso y, debido a esta creatividad, ocasionalmente puede ser la mejor solución. Si su negocio se estaba desempeñando bien en los sitios web de redes sociales hasta esta etapa, puede optar por considerar Instagram entre esos niños comparativamente nuevos en el bloque.

Esencialmente, Instagram se ha convertido en una popular plataforma de redes sociales que se concentra en el contenido visual. Dado el carácter de lo particular, puede ser una excelente manera de difundir la información sobre su organización o nueva y exudar una audiencia fresca. Es imperativo asegurarse de que esta etapa sea ideal para su empresa, de modo que no termine hablando ante un muro en línea metafórico.

Esta es realmente una excelente manera de comenzar porque lo obliga a usted, como colaborador, a intentar instantáneamente pensar en un concepto para algunos artículos. Con un servicio como Instagram será mucho más fluido en caso de que el material o los gráficos se presenten y no haya absolutamente ninguna necesidad de buscarlos.

Sus espectadores estarán mucho más calificados para rastrear su empresa siempre que no sea capaz de localizar y crear artículos.

En otras palabras, si las imágenes atractivas de exactamente lo que su marca participa o significa son fáciles de encontrar, posteriormente Instagram es posible para usted personalmente. Ya que si tiene dificultades para encontrar la imagen ideal, probablemente seguirá teniendo dificultades en 4 semanas en el futuro.

¿Es cierto que su público objetivo, o quizás mercados potenciales más amplios, recae en la demografía que usa Instagram? Esta es solo otra de estas preguntas que evita una de las molestias de hablar con su muro en Internet.

Es muy importante que sus clientes, pasados, actuales y potenciales, sean personas que utilizan el servicio. Si no es así, puede hacerse un favor fantástico al dedicar sus recursos y su tiempo al lugar donde existen en otras partes de la web.Los consumidores de Instagram son los que más han aumentado en poco tiempo en el mundo de las redes sociales. Los sitios web de redes sociales como Facebook y Twitter son actualmente una segunda naturaleza para estos, de ahí el uso extensivo de hashtags en esta etapa. Los usuarios varían en edades, desde los adolescentes hasta los adultos desde los años 30 e incluso los 40, siempre que tengan la educación tecnológica de la época.

Dados estos datos demográficos, Instagram puede ser utilizado por una gran cantidad de personas. No solo en los EE. UU., sino a escala mundial, ya que también es una aplicación de Android. Las descargas totales superarán los 40 millones en este nuevo año.

Las empresas pueden aprovechar el uso de Instagram en una variedad de medios. Independientemente de lo que elija, es importante tener en cuenta que debe haber una expansión matemática de una red social reconocida o un plan de marketing y publicidad digital para toda la economía.

Para una empresa con una gran cantidad de información visual para mostrar claramente a sus espectadores, a veces puede ser difícil compartir otras plataformas sin privarlos. Utilice Instagram como la fuente ideal para demostrar un flujo continuo de información visual y también indique a sus seguidores fuera de otros sitios web de redes sociales que lo siguen.

Bríndeles lo que el escenario fue creado para realizar, revelando imágenes visualmente intrigantes. Esta guía de publicidad visual es directa en el sentido de que es solo visual, aunque indirecta, ya que no desea tener su propio Instagram para una publicidad completa de su propia marca.

El lanzamiento del marketing de Instagram ha sido recibido con los brazos abiertos por la mayoría de las empresas de todo el mundo que actualmente pueden utilizar su plataforma de redes sociales favorita para obtener 800 millones de clientes activos en todo el mundo.

Para hombres y mujeres en el área de Medio Oriente, su lanzamiento ha sido más distinguido, ya que una gran mayoría de los habitantes de habla árabe están más disponibles en Instagram que cualquier otra plataforma de redes sociales. Instagram generalmente ofrece una tasa de participación más alta que cualquier otra plataforma de redes sociales. En caso de que tenga un perfil de Instagram enérgico, verá que es mucho más probable que sus publicaciones se hayan notado en estas redes sociales que en otras aplicaciones. También es relativamente menos difícil adquirir un gran after en Instagram de forma orgánica.el debut de los anuncios hace que sea más fácil lograr consumidores específicos en Instagram, y también puede hacer maravillas cuando se utiliza de una manera muy eficaz.

La publicidad de Instagram ofrece a las empresas tres tipos diferentes de anuncios: imagen, video y carrusel. Los anuncios con imágenes le permiten usar imágenes para contar su historia y atraer a su público objetivo para que lo haga, mientras que los anuncios de video le brindan alrededor de 30 minutos para enviar su mensaje como desee y la alternativa del carrusel son los anuncios con imágenes de esteroides, lo que le permite usar numerosas imágenes que el espectador puede deslizar el dedo proporcionando una serie de oportunidades para activar una acción.

El aspecto más molesto cuando se trata de publicidad en las redes sociales es generar compromiso. Puede encontrar muchos comentarios y me gusta, pero forzar a visitantes idénticos a su sitio es algo pegajoso. Los anuncios de Instagram le ofrecen botones de llamada a la acción (similares a los anuncios de Facebook) que le permiten dirigir a los visitantes directamente a su sitio. Además, los botones de llamada a la acción se ofrecen en la mayoría de los 3 tipos de formatos de publicidad. Los anunciantes de Instagram han estado en condiciones de dirigirse al público por edad, lugar y sexo. Sin embargo, ahora está trabajando junto con la empresa matriz Facebook para lograr usuarios de acuerdo con sus intereses y relaciones en ambas redes: una colección de datos distintivamente poderosa de las preferencias privadas de las personas.

Las publicaciones de videos de Instagram se han vuelto populares en las redes sociales últimamente y, en consecuencia, es de gran beneficio para cualquiera que busque promocionarse para generar uso de este propósito. Este cambio indica que un número creciente de empresas, ya sean pequeñas o grandes, está comenzando a comunicarse con sus propios seguidores, clientes y amantes. Esa es la razón por la que nuestro personal de marketing en redes sociales eligió un esfuerzo para explorar las ventajas de Instagram tv.

La función de video se encuentra entre las plataformas más conocidas que le permitirán administrar el poder de la publicidad.

Con más de 150 millones de consumidores, Instagram es su mejor sistema para compartir. Le permite compartir no solo fotografías, sino también videos breves. Se comparten innumerables millones de películas todos los días, lo que es una razón fantástica por la que uno debería usar este escenario. A continuación se presentan algunas de las principales ventajas de utilizar esta función:

A diferencia de las publicaciones de video en Twitter o incluso en Facebook, que a veces los consumidores pasan por alto independientemente de su calibre, los videos de Instagram rara vez se pasan por alto. Según una investigación realizada por Forrester, los videos de Instagram crean más participación en 58 ocasiones que Facebook y Twitter. Poseer una cuenta de Instagram con contenido útil e interesante puede hacer que una se involucre en una gran cantidad de participación con la multitud.

Dado que más publicaciones se están volviendo populares, una de las ventajas clave de trabajar con la función de video es el hecho de que le ayuda a generar confianza. Hoy en día, las personas compran a personas que pueden esperar, y también los atributos de Instagram pueden permitirle establecer esa conexión emocional con su audiencia. Lo más importante es que Instagram permite que cualquier persona hable de sus experiencias diarias de una manera informal, dando a los fans, seguidores y clientes una sensación de cercanía a la empresa.

Se observó que compartir acciones detrás de escena tiene una buena clasificación en Instagram, especialmente si se trata de un proveedor de servicios. Dichos videos hacen que el negocio de uno sea más confiable y atractivo, y el cambio impacta positivamente en la publicidad.

Aunque no puede agregar enlaces en los que se puede hacer clic en los videos, sin embargo, son una fuente importante de visitantes. Además, dado que todos los grados de participación son mayores que en Twitter y Facebook, la función de video podría ser tremendamente útil para la visibilidad de su sitio web. El concurso en Instagram sigue siendo mucho menor que en Twitter o Facebook. Incluso la Encuesta de American Express señaló que casi el 2 por ciento de las pequeñas empresas están adoptando el papel de los videos de Instagram y han ganado una ventaja sobre sus oponentes. Entonces, es evidente que utilizando la función de video, es muy probable que uno alcance su mercado objetivo de manera más rápida y sencilla.

Los fotógrafos convencionales, sobre todo, no están tan entusiasmados con la idea de usar teléfonos con cámara para tomar fotografías. La gran mayoría de ellos cree que los teléfonos con cámara socavan la imaginación de un fotógrafo. Muchos afirman que se necesita lo esencial de tomar fotos, ya que todo lo que tiene que hacer es presionar un botón y obtendrá la imagen que desea. Algunos llaman a los teléfonos con cámara un tipo de tecnología que es disruptiva.

Desde su debut en 2010, Instagram se ha convertido en un gran éxito. A la gente le gustan sus aspectos fáciles de usar y el hecho de que pueden tomar fotos y hacerlas más atractivas con la ayuda de filtros.Independientemente de lo que digan los fotógrafos sobre

Instagram, no se puede negar que la aplicación para compartir fotos ha contribuido mucho al crecimiento de la fotografía.

Con la prevalencia de Instagram, actualmente es factible compartir fotos de la manera más simple posible. Puede compartir instantáneamente sus imágenes de Instagram en Facebook y Twitter.

En solo un par de minutos, cientos (incluso miles) de personas pueden ver sus imágenes.

Usando sus filtros de inspiración retro que son fáciles de manejar, es posible editar fácilmente sus propias fotos. No tiene que usar otras aplicaciones porque los filtros están dentro de Instagram. Es posible que esto no les sienta bien a los fotógrafos normales o profesionales, sin embargo, los usuarios de Instagram como el que con solo presionar un botón pueden convertir sus fotos en color en blanco y negro, y viceversa. Con estos filtros, que son instantáneos, puede crear instantáneamente la imagen que desea que los visitantes vean.

A algunos fotógrafos profesionales no les gusta usar filtros porque piensan que esto interfiere con la imaginación. Muchos fotógrafos dicen que usando filtros, incluso Instagram glorifica un poco las tomas malas. Sin embargo, estos comentarios no molestan a los usuarios de Instagram, ya que consideran que el filtrado de fotografías es útil y divertido.

Las cámaras convencionales y las DSLR son bastante pesadas. Los teléfonos con cámara, que son la forma clave de tomar fotografías para Instagram, son algo más livianos y fáciles de llevar. No hay lentes ni diales largos que deba llevar consigo. En realidad, varios fotoperiodistas también consideran que sus iPhones son una opción mucho mejor en comparación con sus SLR, especialmente si se producen eventos imprevistos. Dado que son pequeños y se pueden llevar en el bolsillo, los iPhones junto con otros teléfonos con cámara se pueden llevar consigo.

Junto con Instagram, la fotografía es cada vez más fácil. En 1 etapa, puede tomar fotos, editar y compartir con ellos en un par de minutos. Las personas finalmente tienen la opción de cámaras costosas y parafernalia fotográfica.

En resumen, es seguro afirmar que Instagram debe considerarse una forma muy eficaz de compartir fotos pertinentes para tantas personas como sea posible. Los fotógrafos profesionales pueden optar por adoptarlo o no, pero el simple hecho es que Instagram ha revolucionado y puede seguir revolucionando todo el mundo de la fotografía.

Parte 1: Instagram para empresas

Capítulo 1: Qué es Instagram y cómo funciona

Instagram es un sitio de red social que permite a los usuarios compartir videos y fotos de sus propias vidas, incluir leyendas, editar bloqueadores, configuraciones de temporizador, participar con otros, investigar cosas y, por lo tanto, mucho más: ¡solo necesita comprender lo que lo está haciendo para que no se sienta abrumado!

Instagram es una aplicación para compartir fotos para teléfonos inteligentes que combina las redes sociales con la fotografía de aficionados. Con filtros y calcomanías, todos pueden hacer una imagen hermosa de inmediato. Si piensa en lo difícil que ha sido hablar de fotografías atractivas antes de Instagram, entonces es sencillo entender por qué la aplicación fue un éxito tan grande.

Instagram es un sitio de red social que se estrenó en 2010 de Kevin Systrom junto con Mike Krieger (Facebook luego compró la aplicación en 2012) que alentaba a los consumidores a tomar fotografías o videos, agregar un filtro, luego escribir un título y etiquetar personas y lugares.

Aunque el arreglo original de Instagram ha sido mucho más fácil que el que ve ahora, la suposición sigue siendo la misma.

¿Cómo funciona esto?

Después de configurar su cuenta de Instagram y configurar su perfil, puede comenzar siguiendo a algunos de sus actores favoritos, mejores amigos, compañeros de trabajo, etc. También es posible observar la cantidad de seguidores que tiene en su perfil .

Si lo necesita, puede hacer que su perfil sea privado, lo que significa que la gente tendrá que pedir que lo acompañe y querrá que los reorganice para que puedan observar algunas de sus publicaciones. Tenga en cuenta que si un perfil es privado, los elementos con hashtag no aparecerán en la página web pública o de tendencias, por muchos me gusta que obtenga.

Y hablando de los Me gusta, es lo que la gente le ofrece si tocan dos veces su publicación: aparecerá un corazón carmesí en la imagen y un recuento de me gusta en la base de la imagen revelará hasta qué punto el amor es una foto específica. convirtiéndose. Posteriormente, los videos ya no recopilan "Me gusta" visibles en lugar de mostrar un recuento de comentarios (aunque aún puede tocar dos veces para dar Me gusta en un video).

También puede comentar en las publicaciones de las personas cuando hayan hecho clic con el botón izquierdo (incluso puede desactivar los comentarios en las publicaciones), discutir y enviar un elemento en particular a un amigo en un mensaje directo, o etiquetar y luego almacenar una publicación para que pueda regresar a ella más tarde.

¿La información más excelente para Instagram? Siga a las personas que ama y complete el contenido de su feed que adora. ¡No sea reacio a dejar de seguir a alguien con la probabilidad de perder un seguidor cuando no esté publicando publicaciones que le sorprendan! Instagram puede volverse abrumador, y también es el último cambio de algoritmo, es posible que ni siquiera vea a todos los que busca.

¿Qué dispositivos utilizo para obtener mi Instagram?

Puede utilizar su iPhone o incluso iPad o cualquier teléfono inteligente y tableta para iniciar sesión, publicar, comentar, por ejemplo, y hacer prácticamente cualquier cosa en Instagram. Sin embargo, ¡también puede obtener su cuenta desde una PC!

La única distinción significativa es que no puede editar y colocar una fotografía o un video desde su PC; simplemente puede mirar en imágenes, como estas, y ver la página de investigación.

¿Bumerang? Hyperlapse?

Boomerang e Hyper-lapse son solo dos aplicaciones desarrolladas por Instagram, que operan en conjunto con la primera aplicación raíz.

Boomerang funciona al tomar una ráfaga de fotografías súper breve y súper rápida y luego unirlas en un pequeño video que avanza y avanza y retrocede y retrocede y bueno, tiene la idea. Considérelo como un gif de tipos pero en modo película. Este tipo de publicaciones son populares entre el clan Kardashian-Jenner.

Hyperlapse funciona compartiendo y creando videos originales, ordenados y a intervalos. Además, tiene algunas aplicaciones de estabilización de video razonablemente sólidas para suavizar las tomas de mano temblorosas.

Siete ventajas de las marcas de Instagram que probablemente no conozcas

Instagram es más que un medio para sentir envidia por las fotografías de vacaciones de su amigo. Aunque duele encontrar esas fotos de viajes mientras está sentado, las ventajas de Instagram son de gran alcance.

Solo considere la gran cantidad de productos y servicios nuevos que probablemente haya encontrado en Instagram a través de anuncios compensados en redes sociales o amigos que etiquetan marcas de las que nunca ha oído hablar en sus publicaciones. SocialLos sitios web de redes se conectan, pero lo difícil es conseguir esos enlaces a los principales activos de su empresa: sus clientes.

Al mismo tiempo, todos sabemos que crear, administrar y mantener cuentas de Instagram es abrumador. Requiere mucho tiempo y atención no solo para que funcione, sino para generar ganancias.

Para las empresas individuales, dejar Instagram de su viaje de comprador podría restringir severamente su capacidad para lograr nuevos clientes. Para ayudarlo a llegar al camino perfecto, le proporcionamos algunas sugerencias. A continuación se enumeran siete ventajas de Instagram que es posible que no comprenda:

1. Cada día se unen más consumidores y empresas
Con más de 25 millones de empresas que utilizan Instagram conscientemente para promocionar su mercado objetivo, es fácil descubrir por qué muchos hombres y mujeres usan la aplicación para almacenar. En el mundo minorista moderno de acceso instantáneo, los compradores necesitan información visual que les ayude a tomar decisiones de compra.

Quizás no solo necesitan gráficos, sino que los clientes quieren esta información de personas como ellos.

La creciente comunidad de Instagram ayuda a los minoristas y las marcas a aprovechar las imágenes para describir y detallar sus productos. Y dado que el sistema aumenta, los compradores saben que Instagram es un recurso confiable para obtener más información e imágenes de productos.

Eso significa que su público objetivo está preparado para darse cuenta de que sus publicaciones aparecen en su feed. No solo sus clientes pueden esperarlo; sin embargo, Instagram ha hecho su propia aplicación considerablemente más amigable para los negocios en los últimos años con diferentes atributos de vinculación, generación de páginas de destino y etiquetado de productos.

El negocio le está brindando menos motivos a su empresa para no combinar. La experiencia del consumidor es importante para numerosos fabricantes y comerciantes, y es por eso que Instagram procede a impulsar esos atributos. Las ventajas de Instagram se desarrollan con su base de usuarios, por lo que puede ser el momento de combinar o mejorar significativamente su estrategia de promoción.

2. Simple para el objetivo (junto con retargeting)
Entendemos que dirigirse a la audiencia ideal es fundamental para el éxito de sus anuncios. Pero, ¿cómo puede Instagram ayudarlo a lograr su mercado principal?

Bueno, si está familiarizado con los anuncios de Facebook, comprende el poder y las estrategias disponibles para alcanzar su audiencia. Algunas de esas características de orientación incluyen:

Ubicación: ya sea que esté apuntando a una nación entera o solo a una ciudad, el lugar es muy importante de considerar también.
Demografía: ¿desea enviar sus anuncios solo a chicas de 37 años que hablan catalán? Instagram puede identificar la terminología y la demografía sexual.
Intereses: base sus anuncios en los que su público sigue a Instagram, como diferentes empresas que podrían ser sus competidores directos. También puede basar sus búsquedas en los anuncios en los que hacen clic y en las aplicaciones que usan.
Comportamientos: establezca la audiencia de un anuncio a partir de las actividades que realizan dentro (y fuera) de Instagram y Facebook. Por ejemplo, redirija fácilmente a los clientes potenciales que hayan visitado su sitio antes pero que no hayan realizado una compra.
Públicos similares: sus seguidores son parte de un personaje en particular que está ansioso por realizar sus publicaciones (y con suerte comprar sus productos). Por lo tanto, puede orientar anuncios a personas que son muy parecidas a las que le siguen y que han comprado en su sitio.

3. Utilice cada una de las características de marketing visual en Instagram.

Como dijimos, la información visual permite a los compradores realizar compras utilizando información e imágenes mucho más detalladas de lo que les gustaría comprar. Pero eso no significa que deba agregar videos y fotos de sus productos a diario y eso es todo.

Los minoristas se están volviendo mucho más inteligentes acerca de dónde comercializan a los compradores en Instagram. Además, los minoristas y las marcas están generando un mayor contenido en el escenario, ya que se están enfocando en las dimensiones y atributos más adecuados de Instagram que los consumidores aprecian.

¿Qué es un influencer?

La mejor definición de un influencer es alguien que se ha comprometido con las redes sociales después de producir contenido basado en un estilo de vida aspiracional. Los influencers también se conocen generalmente como creadores de contenido, escritores, vloggers y líderes de comentarios clave (kols).

¿Qué es un influencer de Instagram?

Un influencer de Instagram es alguien que utiliza esta plataforma de redes sociales para compartir imágenes para construir una marca personal y desarrollar la siguiente. Instagram es su plataforma favorita para la gran mayoría de influencers y fabricantes. No lo es, sino la única plataforma de redes sociales en la que los influencers podrían influir. Visite la página web de nuestro mapa del sitio para ver ilustraciones en Facebook, Snapchat, Pinterest y YouTube.

¿Qué es el marketing de influencers?

Si desea recrear sus perfiles de redes sociales dentro de un influencer que desea comprender qué es la promoción de influencers, la publicidad de influencers es solo lo que hacen las marcas y las empresas. Y si se asocian con personas influyentes para elevar la conciencia del lanzamiento de un producto, crear conciencia de marca y credibilidad con todos los usuarios de redes sociales. Por lo general, implica que los influencers creen publicaciones sobre un elemento, publiquen sobre él en sus feeds sociales y lo defiendan en un tono de voz real para sus seguidores. Existen varias estrategias distintas para realizar publicidad de influencers, y aquí resumimos los pros y los contras de los anuncios de influencers. Si usted es un influencer que trata con un nuevo producto o servicio, debe saber con precisión lo que los fabricantes

¿Qué tipo de influencers hay?

Los influencers a menudo se describen en el lenguaje por su alcance. Es fantástico conocer las condiciones que utilizan los especialistas en marketing si trabajan con personas influyentes. Micro, intermedio de poder, celebridades y macroinfluencers son algunos de los términos que usan los emprendedores si trabajan con influencers. A menudo se hace referencia a un microinfluencer cuando la gente describe a influencers usando un después más pequeño en las redes sociales. Los influencers macro y estrella tienen más seguidores. No hay una definición dura y rápida de las figuras de seguidores que representan un influencer micro, macro y estrella.

¿Por qué convertirse en influencer?

Si se está preguntando cómo es posible convertirse en un influencer, está dando el paso inicial hacia lo que podría ser un viaje creativo notablemente enriquecedor, satisfactorio. Es un negocio emocionante combinarlo con marcas que aumentan sus presupuestos anualmente y plataformas sociales, presentando un número cada vez mayor de funciones para ayudar a personas influyentes y creadores de contenido. Sin duda, ha notado que otros influencers en las redes sociales, como Instagram, cooperan con las marcas, comen comidas deliciosas y viajan por el mundo, solo por mencionar algunas de estas oportunidades. Vivir en el estilo de vida nómada digital puede atraerlo personalmente por una variedad de factores. Significativamente, construir una marca privada y subcontratar sus habilidades creativas le permite ser su jefe. Tal vez incluso detenga este 9 - 5. Hay varios motivos distintos para tener que convertirse en un influencer. Comprender sus objetivos clave es esencial si desea descubrir su propia moda privada y fotográfica. Puede quese sorprenda que no todos los que lo dejan en esta industria inicialmente pretendían convertirse en un influencer de redes sociales todavía. Para la mayoría de las celebridades de las redes sociales, la transición de Instagrammer a un influencer es orgánica. Estos influencers accidentales se establecieron inicialmente con un pasatiempo, y la espectacular expansión de la audiencia los tomó por sorpresa. la transición de Instagrammer a influencer es orgánica. Estos influencers accidentales se establecieron inicialmente con un pasatiempo, y la espectacular expansión de la audiencia los tomó por sorpresa. la transición de Instagrammer a influencer es orgánica. Estos influencers accidentales se establecieron inicialmente con un pasatiempo, y la espectacular expansión de la audiencia los tomó por sorpresa.

Elementos para conocer sobre la empresa Instagram

¿Puede esta empresa ser lo mejor para usted?

La existencia de un comercializador de Instagram es ideal para las personas que aman tomar fotos. Además, es un medio de vida fantástico para personas con pasiones únicas. Si le gusta filmar eventos cotidianos, promover un pasatiempo o dispersar el placer artístico, la compañía de Instagram es adecuada para usted.

¿Qué sucede durante un día típico en una empresa de Instagram?

Cada tarde, el propietario de las cuentas de Instagram evalúa sus cuentas de Facebook, Twitter, correo electrónico e Instagram. Tendrán que mantener sus propias cuentas de empresa de Instagram, manejando me gusta, seguidos y publicaciones.
Lejos del proyecto del comercializador de Instagram implica publicar informes de Instagram, compartir fotografías, producir hashtags y vincularse con los clientes. Cuanto más largas sean las aplicaciones de operador de una empresa de Instagram, más alto. Un operador de Instagram fantástico también puede utilizar geoetiquetas, lo que lleva a posibles clientes de marca para almacenar lugares u ocasiones públicas. Otras responsabilidades incluyen la ejecución de campañas de publicidad con imágenes, campañas de publicidad en video, junto con campañas de publicidad en carrusel.

También vale la pena crear un gran plan de promoción de Instagram. Muchos propietarios de empresas de Instagram investigan la publicidad de bienes y servicios. También muestran sustancia fresca "detrás de escena" para campañas promocionales de fabricantes.

¿Cuáles son algunas experiencias y habilidades que pueden permitirle construir una empresa de Instagram próspera?

El potencial de desarrollo de una empresa de Instagram está directamente asociado con su audiencia. En caso de que un operador de cuenta de Instagram pueda recibir su nombre, entonces podría producir una experiencia de marca completa. La web mundial podría incluir el marketing de redes sociales, pero es una carrera profesional notablemente viable. En caso de que el propietario de una cuenta de Instagram sea inteligente, podría convertirse en la individualidad muy popular en un mercado de bienes o servicios.

Para aprovechar al máximo sus publicaciones de Instagram, pruebe estos consejos:

1.Utilizando texto grande (texto en negrita):no dificulte que el público transmita su mensaje en sus dispositivos móviles. Pero usar muchos de ellos puede encontrar un anuncio rechazado.

2. Ser deseado:lo último que le gustaría hacer es crear su discurso dos o tres minutos antes del anuncio. Debe proporcionar la propuesta de valor de inmediato.

3. Evitar el diseño excesivo:el propósito de su anuncio debe ser mezclar con el contenido del consumidor. A veces, vale la pena no utilizar contenido demasiado diseñado.

4. Produzca una ruta clara:junto con Instagram, los usuarios pueden revisar los productos antes de visitar su sitio web. Cree rutas seguras y sencillas para restringir cualquier duda.

5. Interactúe con los clientes donde invierten su tiempo:más de 800 millones de personas usan Instagram cada mes y más de 500 millones de registros diarios. El tiempo dedicado a Instagram es relativamente impresionante y, para los minoristas y las marcas, es un sistema para participar y conectarse con su fundación.

Esto es revelador porque aproximadamente el 80 por ciento de los saldos de Instagram siguen al menos a una empresa. La comunidad visual es ideal para los fabricantes que no necesitan ser bombardeados con ventas, reproducciones, declaraciones y otros mensajes. En cambio, Instagram funciona como lo hará si rastrea a sus amigos; en caso de que vea el material visual que desea, participa.

Instagram descubrió que el 60 por ciento de los consumidores ha ubicado un producto nuevo en este escenario. Ha sido el escenario tanto para el descubrimiento como para la instrucción de nuevas mercancías. ¿Por qué no utilizas Instagram para lo que está destinado?

6. Cree contenido generado por el usuario: el contenido generado por el usuario es una parte vital para generar confianza en sus productos y marca. ¿Por qué? Porque las personas confían entre sí sobre las empresas.

El mismo informe de instantáneas de comercio electrónico encontró que el 54 por ciento de los clientes de Estados Unidos entre las edades de 18 y 29 años declararon que las fotografías y videos enviados por los consumidores han sido más valiosos que el contenido visual minorista o de marca. Y los compradores más jóvenes no son el único grupo demográfico. Buscaban publicaciones generadas por usuarios. Aproximadamente la mitad de ellos entre las edades de 30 a 44 años se sintieron exactamente de la misma manera. Y en Instagram, no es simplemente una mina de oro de publicaciones generadas por usuarios. Sin embargo, es simple hacer que se produzca a partir de los espectadores. Marcas como Southwest a menudo promueven contenido generado por el usuario publicado por sus clientes fieles.

Es sencillo solicitar publicaciones usando un hashtag para desarrollar contenido y recibir la participación de sus seguidores. Y la mejor parte es que también puede acumular y exhibir contenido generado por usuarios de Instagram.

Brinde a los clientes un medio para ver sus productos en la palma de la mano de los compradores simplemente para divertirse. Al hacerlo, restringe la duda y aumenta la confianza en su curso de compra.

7. Muestra información detallada sobre su audiencia: ahora entendemos lo importante que es aprender y comprender a su audiencia. Y además, para saber si son, de dónde son y sus preferencias, Instagram ayudará a descubrir esta información.

Primero, participar en el vecindario en línea hace posible determinar de qué se tratan estas personas. Al seguir los hashtags populares en su negocio, verá lo que la gente está discutiendo, sus preocupaciones y problemas, además de sus momentos felices y éxitos diarios.En segundo lugar, Instagram proporciona conocimientos nativos cruciales sobre sus seguidores y su comunidad.

Con esas ideas, descubrirás información sobre sus seguidores, como su sexo, edad, lugar y las ocasiones en las que están más activos en Internet.

Finalmente, Instagram también le brinda información para que obtenga su ROI en esta etapa. Si ha utilizado la plataforma de supervisión de anuncios en Facebook, entonces sabrá el tipo de información súper útil que proporciona.

Para cada esfuerzo, puede evaluar los clics, el alcance, los ingresos o las conversiones y, además, el valor total de la conversión. Incluso podría desglosar esto por factores como el sexo o el lugar.

8. Características de marketing siempre actualizadas dentro de promociones e historias: Instagram sabe que desea vender más productos y aumentar el conocimiento de la marca. Saben que su objetivo es impulsar su estrategia de promoción de Instagram y también el escenario le proporciona los recursos para llegar a ellos.

Por otro lado, Instagram también conoce a sus usuarios. Entienden cómo la gente gasta dinero en la web. En realidad, el 42 por ciento de las chicas en Instagram de
A Estados Unidos le gusta comprar online y pensar en ello como un pasatiempo.

Es por eso que los principales minoristas, como Dick's Sporting Goods, hacen un trabajo destacado en Instagram para crear una navegación, búsqueda y compra completamente simple. Las redes sociales generaron experiencias de compra, publicidad y marketing dentro de una parte integrada de su sistema, en particular para permitir a los fabricantes comercializar sin obstruir el procedimiento para su operación.

En el mismo período, están realizando anuncios de historias de Instagram. Le permite agregar hipervínculos y viudas de etiquetas de productos para navegar en una página de producto específica en unos segundos. Las actualizaciones continuas adaptadas a las empresas hacen de este uno de los lugares más de moda para que las marcas y los minoristas muestren sus productos.

¿Cómo puede aprovechar estas ventajas de Instagram?

Ahora que conoce un par de ventajas vitales de Instagram, ¿qué haría con todas las pistas? Tenga en cuenta que Instagram se encuentra entre las regiones más importantes para participar con su público objetivo y unirse a través de publicaciones visuales.

Además, las funciones específicas de la empresa, como los perfiles de la empresa, las campañas publicitarias dirigidas, la información increíblemente detallada y los botones de compra en cuentos y anuncios en el feed, lo ayudan a aprovechar al máximo la plataforma al fomentar su ROI.

¿Qué es mucho mejor que hacer que los clientes sepan que existes? ¿Piensa en la oportunidad de interactuar juntos a diario? El simple hecho es que la gente quiere dar a conocer sus puntos de vista, especialmente si disfrutan de algo, también Instagram es un sistema para que los consumidores disfruten, comenten y discutan sus publicaciones favoritas. Cuantos más me gusta y comentarios reciba, más visible será la organización. Puede encontrar más Me gusta tomando fotografías de alta calidad, utilizando hashtags de vecindario y cooperando con diferentes fabricantes.

La libertad es ahora el rey.
A diferencia de Facebook y Twitter, que comenzaron como sitios web basados en navegador, Instagram se creó para ser una aplicación móvil desde el principio. Teniendo en cuenta que el 90 por ciento del tiempo dedicado a los teléfonos móviles se invierte en aplicaciones, su empresa debería beneficiarse de esto y crear sus publicaciones accesibles para el público donde sea que procedan a través de Instagram. Los usuarios de teléfonos inteligentes tienden a cambiar a Instagram porque es un modo más limpio en comparación con el comentario desordenado que podría producir Facebook, además de que la participación en Instagram se vuelve diez veces mayor en comparación con Facebook, querrás tener el tren.

Puede vigilar a los competidores.
Su empresa puede utilizar Instagram para vigilar a la competencia y descubrir cómo interactúan con sus seguidores. Observe para saber con qué frecuencia facturan, qué publican y cómo participan con sus seguidores. Puede utilizar la información que recopila para definir su estrategia.

Da muchas técnicas para encontrar la creatividad.
Una ventaja fantástica de esta aplicación para compartir fotos es la imaginación que proporciona. En Instagram, su personal de marketing puede volverse loco, ideando nuevos enfoques para llamar la atención e incluir clientes nuevos y seguidores. Muestre a la gente que su nuevo carácter tiene carácter, y está de moda llevarlo con usted al combinar esto con concursos, agradecimientos, imágenes vibrantes, videos interactivos y mucho más.

Si algo se une a estos diez beneficios colectivamente, es que más personas están prestando atención a Instagram que antes, y simplemente está ignorando a millones de posibles clientes al no conectar esta poderosa plataforma de redes sociales. Simplemente tome las sugerencias que aprendió aquí y luego úselas para comenzar a construir su existencia en Instagram. Su resultado final estará feliz de que lo haya hecho.

Capítulo 2: Historia de Instagram

Instagram es un servicio de redes sociales para compartir fotos y videos digitales propiedad de Facebook Inc. Fue creado por Kevin Systrom y Mike Krieger en octubre de 2010 en iOS. Una variante para el aparato Android se estrenó en abril de 2012, seguida de cerca con una interfaz de sitio con funciones limitadas en noviembre de 2012, también una aplicación Fire OS el 15 de junio de 2014 y una aplicación para Windows 10 para tabletas y computadoras en octubre de 2016. La aplicación permite a los usuarios cargar videos y fotos, que pueden editarse con filtros organizados, etiquetas y detalles de lugares. Las publicaciones se pueden compartir abiertamente o con seguidores no leídos. Los usuarios pueden explorar las publicaciones y lugares de otros usuarios y ver contenido que es tendencia. Los usuarios pueden disfrutar de las imágenes y seguir a diferentes usuarios para agregar sus elementos al feed.

Instagram se distinguió inicialmente por permitir que las publicaciones solo se enmarcaran en una relación de aspecto cuadrada (1: 1) usando 640 píxeles para coincidir con el ancho de pantalla de este iPhone en este momento. Estas restricciones se cubrieron en 2015, con un aumento a 1080 píxeles. El soporte también incluyó atributos de mensajería, la capacidad. Agregar varios videos o imágenes en un solo lugar, incluso como "historias" --comparables al principal competidor Snapchat-- que permite a los usuarios publicar fotografías y videos en alguna fuente secuencial, utilizando cada publicación accesible por otras personas durante las 24 horas del día. A partir de enero de 2019, 500 millones de consumidores utilizan el atributo de historias cada día.

Después de su lanzamiento en 2010, Instagram ganó fama rápidamente, con solo un millón de consumidores registrados en solo dos semanas, 10 millones por año calendario y solo mil millones en mayo de 2019. En abril de 2012, Facebook obtuvo soporte por aproximadamente US $ mil millones en acciones y efectivo. En octubre de 2015, se cargaron más de 40 mil millones de fotografías. Aunque elogiado por su influencia, Instagram se ha convertido en tema de críticas, pero más especialmente por modificaciones de interfaz y políticas, acusaciones de censura y material inapropiado o ilegal subido por los usuarios.

A marzo de 2020, el hombre más seguido es el futbolista Cristiano Ronaldo con más de 207 millones de seguidores, y la chica más seguida es ahora la cantante Ariana grande con más de 177 millones de seguidores. El 14 de enero de 2019, la fotografía inmensamente disfrutada en Instagram es una imagen de un huevo, también publicada por las cuentas @world_record_egg, realizada con el único propósito de superar el récord anterior de 18 millones de me gusta a una publicación de Kylie Jenner. La publicación actualmente tiene más de 54 millones de me gusta. Instagram ha sido la cuarta aplicación móvil más descargada de la década de 2010.

Historia

Instagram comenzó a crecer en San Francisco como Burn, una aplicación de registro celular creada por Kevin Systrom junto con Mike Krieger. Al reconocer que Burn era similar a Foursquare y Krieger reorientó su aplicación para compartir fotos, se convirtió en una de las funciones favoritas de uno de los usuarios de Burn.

2010: inicios

La primera publicación de Instagram fue una fotografía del puerto de South Beach en el muelle 38, publicada por Mike Krieger el 16 de julio de 2010.Systrom compartió su primera publicación, una foto de un cachorro y el pie de su novia, un par de horas después (a las 9:24 pm). Se ha acreditado erróneamente como la primera foto de Instagram como resultado de una letra anterior de este alfabeto en su URL.

El 6 de octubre de 2010, la aplicación de Instagram para iOS se publicó formalmente a través de la App Store.

2011: Financiamiento importante

En febrero de 2011, se notó que Instagram había recaudado $ 7 millones en financiamiento en serie de varios inversores, incluidos Benchmark Capital, Jack Dorsey, Chris Sacca (a través de financiamiento de capital), junto con Adam D'Angelo. El acuerdo valoró a Instagram en alrededor de $ 20 millones. En abril de 2012, Instagram aumentó $ 50 millones en capitalistas de riesgo utilizando una evaluación de $ 500 millones. Joshua Kushner fue el segundo inversor más importante en la historia de Instagram, lo que dio como resultado que su empresa de inversión prosperara el capital para duplicar su efectivo tras la venta de Facebook.

2012: lanzamiento de Android, compra de Facebook y lanzamiento de Internet

El 3 de abril de 2012, Instagram presentó una variante de su aplicación para dispositivos Android y se descargó más de un millón de veces en menos de un día.

El 9 de abril de 2012, Facebook Inc. compró Instagram por aproximadamente $ 1 mil millones en acciones y efectivo, con una estrategia para mantener el negocio de forma independiente. La Oficina de Comercio Justo de Gran Bretaña aceptó el acuerdo el 14 de agosto de 2012, también el 22 de agosto de 2012, la Comisión Federal de Comercio de EE. UU. Cerró su evaluación, lo que permitió que el acuerdo avanzara. El 6 de septiembre de 2012, la negociación que involucraba a Instagram y Facebook se cerró formalmente, utilizando un costo de alrededor de $ 300 millones en efectivo y 23 millones de acciones.En noviembre de 2012, Instagram estableció perfiles de sitios, lo que permitía a cualquiera ver los feeds de los usuarios desde un navegador de Internet con un rendimiento restringido.

2014: actualización de Android y lugares de Facebook

La aplicación de Android tenía dos actualizaciones esenciales: inicialmente, en marzo de 2014, redujeron el tamaño del archivo de esta aplicación a la mitad y también mejoras adicionales de rendimiento; Posteriormente, en abril de 2017 introdujeron un modo fuera de línea que permite a los usuarios ver e interactuar con publicaciones sin conexión a Internet. En el momento adecuado de esta declaración, se informó que el 80 por ciento de los 600 millones de consumidores de Instagram están fuera de los Estados Unidos.

Desde el lanzamiento de la aplicación, ha utilizado las tecnologías API de Foursquare para proporcionar etiquetas de ubicación aproximadas. En marzo de 2014, Instagram comenzó a intentar cambiar la tecnología para usar lugares de Facebook.

2015: Rediseño de escritorio

En junio de 2015, la interfaz de usuario del sitio en segundo plano se rediseñó para que fuera horizontal y brillante, pero usando mucho más espacio de visualización para cada fotografía y para parecerse al diseño de la aplicación de Instagram. Además, una fila de imágenes solo incluye tres en lugar de cinco imágenes para coordinar con el diseño del teléfono. Se eliminó el banner de presentación de diapositivas en la parte superior de las páginas de perfil, que simultáneamente mostraba siete mosaicos de imágenes grabadas por el consumidor, alternando en distintas ocasiones en una secuencia aleatoria. Además, las imágenes de perfil previamente angulares se volvieron más circulares.

2016: Rediseño de la interfaz y aplicación de Windows

El 6 de diciembre de 2016, Instagram introdujo Me gusta en los comentarios. Pero a diferencia de los me gusta de la publicación, el usuario que publicó un comentario no recibe notificaciones sobre los me gusta de comentarios en su bandeja de entrada. Los usuarios que suben videos pueden decidir codificar los comentarios en una publicación.

En abril de 2016, Instagram presentó una aplicación gratuita de Windows 10, luego de años de necesidad en Microsoft y la gente de lanzar una aplicación para el escenario. Anteriormente, la plataforma necesitaba una edición beta de Instagram, publicada inicialmente el 21 de noviembre de 2013 y compatible con Windows Phone 8. La aplicación más nueva brinda asistencia adicional para videos (ver y producir historias o publicaciones y ver transmisiones en vivo), grabar publicaciones y mensajes directos. De la misma manera, una aplicación para computadoras privadas y tabletas con Windows 10 se estrenó en octubre de 2016. En mayo, Instagram actualizó su aplicación para permitir a los usuarios cargar fotografías y también para traer una versión más "liviana" de la pestaña Explorar.

El 30 de abril de 2019, se detuvo la aplicación gratuita de Windows 10, aunque el sitio móvil permanece disponible como una aplicación web innovadora con un rendimiento restringido. La aplicación también permanece en tabletas y computadoras con Windows 10.

2018: la gestión varía

El 24 de septiembre de 2018, Krieger y Systrom declararon en un comunicado que abandonarían Instagram. Aproximadamente el 1 de octubre de 2018, se había dicho que Adam Mosseri es el nuevo jefe de Instagram.

2019-20: contiene modificaciones, carretes

En todo Facebook, se había declarado que Instagram comenzaría en Canadá, una prueba piloto en la que la eliminación de los "me gusta" mostrados públicamente cuenta para las publicaciones publicadas por otros. Los recuentos de Me gusta solo serán visibles para el usuario que publicó originalmente el material. Mosseri dijo que se suponía que esto haría que los usuarios se estresaran un poco menos sobre la cantidad de me gusta en Instagram e invirtieran un poco más de tiempo en asociarse con las personas que les importan.

Se ha afirmado que pequeñas cantidades de Me gusta en relatividad a otras personas podrían donar para disminuir la autoestima de los consumidores. El piloto comenzó en mayo de 2019 y también se expandió a 6 países adicionales en julio. El piloto se expandió a nivel mundial en noviembre de 2019. Además, en julio de 2019, Instagram declaró que aplicaría nuevas funciones desarrolladas para disminuir el acoso y los comentarios no deseados en las publicaciones.

En agosto de 2019, Instagram también comenzó a probar la eliminación de algunas pestañas en la aplicación, lo que permitió a los usuarios ver un feed de sus me gusta y comentarios hechos por los consumidores que siguen.

En noviembre de 2019, se notó que Instagram había comenzado a probar un nuevo atributo de video llamado "carretes". Tiene un rendimiento similar al de esta empresa china TikTok, y se centra en permitir a los usuarios capturar videos cortos en clips de audio preexistentes de diferentes publicaciones.

En marzo de 2020, Instagram estableció una función nueva conocida como "co-visualización". La nueva función hace posible que los usuarios publiquen videollamadas en vivo. Con base en Instagram, se adelantaron al lanzamiento de la visualización conjunta para satisfacer el requisito de casi asociarse con amigos y familiares, ya que se recomienda a muchas más personas que permanezcan en el hogar y el "espacio social".

Instagram directo

En diciembre de 2013, Instagram declaró Instagram Direct, una función que permite a los usuarios interactuar a través de mensajes privados. Los usuarios que se siguen pueden enviar mensajes personales con videos y fotos, en comparación con esta condición de solo público que se configuraba anteriormente. Cuando los usuarios reciben un mensaje privado de alguien a quien no siguen, el mensaje se indica como está estipulado y el consumidor debe aceptar para verlo. Los usuarios pueden enviar una fotografía a un máximo de 15 personas. El atributo recibió una actualización significativa en septiembre de 2015, que incluyó el enhebrado de diálogos y permitió que los consumidores hablaran sobre lugares, páginas web con hashtags y perfiles a través de mensajes personales directamente desde el feed.

Además, los usuarios ahora pueden responder a mensajes personales usando texto, emoji o simplemente haciendo clic en un ícono de concentrador. El interior de una cámara permite a los usuarios tomar una foto o elegir una foto preexistente en la galería del dispositivo y enviarla al receptor sin salir del cuadro de diálogo. Una actualización en noviembre de 2016 permite a los usuarios crear sus mensajes "desaparecer" después de ser vistos por el receptor, junto con el remitente recibir una notificación en caso de que el receptor elija una captura de pantalla. En abril de 2017, Instagram se rediseñó de inmediato para unir todos los mensajes personales de forma permanente e incontrolable, precisamente en los mismos hilos de mensajes. En mayo, Instagram hizo factible el envío de enlaces con palabras y agregó soporte para enviar fotografías en su orientación vertical u horizontal sin ningún recorte.

Capítulo 3: La mentalidad para tener éxito en Instagram

Como la casa nueva para las marcas, Instagram es el lugar perfecto para dar a conocer su pequeña empresa, llegar a nuevos clientes e interactuar con sus seguidores. Tener un plan de contenido para Instagram es fundamental; sin embargo, ocasionalmente, desea establecer un pequeño esfuerzo adicional para lograr un objetivo específico.

De ahí proviene un esfuerzo publicitario de Instagram.

A lo largo de un esfuerzo publicitario de Instagram, está intentando lograr un objetivo particular en un período fijo. Cada uno de los contenidos y su energía debe estar enfocado y alineado en un solo objetivo, que puede ser específico y cuantificable.

Si su propio plan de Instagram es un maratón gradual y continuo, incluso las campañas son similares a los sprints. Utilizan más energía en un período más corto y brindan resultados y conocimientos rápidamente.

Si desea lanzar un artículo, unirse a nuevos clientes o construir el prestigio de su marca, un esfuerzo de Instagram puede ayudarlo a alcanzar su objetivo, siempre y cuando se exija para el éxito. En este libro, le presentaremos tipos únicos de esfuerzos de marketing de Instagram y discutiremos estrategias para realizar una campaña exitosa.

Hay algunos tipos amplios de campañas publicitarias de Instagram, cada una optimizada para varios objetivos y estrategias. A continuación se muestran algunos de los que se ven con más frecuencia, para darle una buena idea de dónde comenzar a planificar.

1. Sentir el esfuerzo

A través de un esfuerzo de concientización, está presionando mucho para aumentar la visibilidad de su organización, producto o soporte. Para las marcas emergentes, o incluso para las personas que intentan unirse a una nueva audiencia, esto a veces es un esfuerzo para mostrar lo diferente, emocionante y único de su marca.

Dado que Instagram es una etapa en la que los consumidores desean encontrar y seguir marcas (el 80 por ciento apoya al menos una empresa), es una plataforma pura para el esfuerzo de concienciación. Hacer que sus publicaciones se enfrenten a los consumidores de Instagram es precioso: el 75% de los consumidores lo hacen después de ver un artículo nuevo, como ver su sitio.

2. Campaña de causa

Los consumidores más jóvenes (como las personas que dominan Instagram) se preocupan por más que simplemente lo que vende una empresa. Cuidan la integridad y responsabilidad social de las marcas que fomentan.

Un esfuerzo de causa es un medio para defender su patrimonio neto. Por ejemplo, puede promocionar un día u ocasión de sentido común, o asociarse con todas las organizaciones benéficas. La campaña #dovewithoutcruelty de Dove destaca el compromiso de la organización de prevenir las pruebas con animales en asociación con PETA y personas influyentes que fomentan el atractivo ético.

3. Venta o marketing

Ejecutar una venta con publicidad específica de Instagram es un enfoque estándar de los fabricantes. Recompensa a los seguidores que participan y también los motiva a visitar sus cuentas para obtener ganancias y códigos de descuento. Ahora que puede comprar directamente desde Instagram, es aún más fácil para los consumidores comportarse en una venta única.

Las vacaciones particulares y los días del año son excelentes para realizar una venta; al final, nadie crece con esta fiebre de regreso a la escuela. Sin embargo, Instagram también es un lugar hermoso para realizar una venta flash empleando un código de promoción que solo es apropiado por un breve período. Además, puede ser un enfoque poderoso para impulsar las preventas frente al lanzamiento de un producto o transferir el inventario para generar una forma de productos nuevos.

4. Concursos de Instagram

Los concursos son importantes en Instagram, porque son muy buenos para impulsar la participación. Puede establecer reglas para una entrada que fomenten los objetivos de su campaña. A modo de ejemplo, solicitar a los usuarios que etiqueten a un amigo para que ingrese es una oportunidad para obtener nuevos seguidores. Pedirles información a través de un tipo le permite aumentar su lista de correo electrónico.

Encuentre más información sobre los numerosos enfoques para realizar concursos de Instagram (junto con los principios particulares que desea comprender antes de asistir a uno).

5. Lanzamiento de artículos

Si está iniciando un nuevo servicio o producto interesante, es posible que desee hacer un esfuerzo para cooperar con él. Esto genera entusiasmo y anticipación alrededor de su lanzamiento y le brinda la oportunidad de mostrar las diversas ventajas y atributos de su producto.

Por ejemplo, el comerciante frank & oak con sede en Montreal creó un esfuerzo en Instagram para anunciar su cuadro de suscripción #styleplan.

6. Esfuerzo de contenido generado por el usuario

En las campañas de contenido generado por el usuario (CGU), está animando a los seguidores y clientes a discutir las publicaciones que presentan su mercancía, empleando un hashtag particular para vincular el esfuerzo.

Establezca sus metas

Se crea un gran contenido para una función en particular, cuyo objetivo debe definirse. Pregúntese si está creando publicaciones para mejorar el conocimiento de la marca, generar clientes potenciales, luego convertir clientes, atraer clientes anteriores, mejorar los resultados del ranking de búsqueda o algo completamente diferente.

Una vez que haya definido sus objetivos, debe saber si un plan de contenido es, en realidad, el mejor método para alcanzarlos. No presumas que el contenido será la opción ideal en cada circunstancia. Por ejemplo, el material puede ser de poca utilidad para convertir a los usuarios en la base del embudo de ventas; no obstante, podría ser valioso para fomentar el conocimiento de la marca y la generación de leads.

Las diferentes secciones de su embudo de ventas justifican varios tipos de publicaciones. Por lo tanto, tendrá que decidir qué material es más adecuado para que lo obtenga una persona en un momento específico. De esta forma, tendrás la conversación correcta con la persona ideal en el momento perfecto.

Investigue su portafolio

Su estrategia de contenido podría ser poderosa una vez que comprenda quién es su audiencia. Se puede obtener información valiosa al evaluar qué tipos de sitios web visitan sus prospectos, en qué publicaciones participan y en las plataformas de redes sociales en las que discuten el contenido. Esto se puede lograr al permitir que los datos demográficos e intereses de Google a los tipos de prospectos de sitios web involucrados juntos y Google Analytics a sus publicaciones en las que participan y al evaluar qué plataformas sociales son algo más accesibles para compartir páginas de contenido.

Busque en Google Analytics para determinar qué material genera los mejores resultados. Haga clic en comportamiento> desglose del contenido del sitio. Para localizar el mejor resultado, escriba según varios aspectos, como la página de tiempo típica, la tasa de rebote y las páginas vistas. Con este consejo, cree contenido que esté dirigido al consumidor, en lugar del contenido que necesita para navegar. Sus objetivos para crear este contenido serían aumentar la página de tiempo típica, reducir la tasa de rebote y también aumentar las visitas a la página.

Concéntrese en su especialidad

Es un hecho triste que la World Wide Web esté llena de publicaciones que no deberían existir. Este material ya existe en todas partes y solo se puede volver a publicar o no ofrece ningún precio real. La mayoría de las personas no ven el 99 por ciento del contenido inútil, ya que no parece estar cerca de la parte superior de las SERP.

Para evitar que sus publicaciones se incluyan en ese grupo, producir contenido que sobresalga, sea excepcional, tenga una voz diferente y, lo que sea más significativo, proporcione un valor real para los lectores.

Cuanto más exclusivo sea y más tiempo preste atención a su especialidad, mayores serán sus probabilidades de establecerse como la autoridad en su área si sus lectores buscan entretenimiento o información.

Una empresa que ha hecho esto con éxito es su ron nuevo Sailor Jerry. La empresa organizó un evento de promoción en Brooklyn donde dieron una oportunidad gratuita de Sailor Jerry a cada fan que se había preparado para recibir tinta indefinidamente con un tatuaje de Sailor Jerry. Esto produjo una gran cantidad de exposición nueva para Sailor Jerry, pero la ventaja real fue crear una conexión más confiable con su fiel base de fanáticos.

A pesar de que la mayoría de los partidarios de la nueva versión probablemente no van a confundir su logotipo en sus cuerpos en el corto plazo, hay lecciones importantes que aprender sobre cómo crear un vínculo estable con una base de usuarios fuerte y leal, que generalmente es más poderosa. que tener hipervínculos poco profundos a una base más alta que es mucho más general.

Cuantifica sus resultados

Medir los resultados de los esfuerzos publicitarios de sus publicaciones es una de las facetas más cruciales para crear una estrategia de contenido exitosa. Agitar puestos de avanzada sin evaluar los comentarios de los consumidores es comparable a tener una conversación telefónica. Tiene que ser consciente de lo que le gustó y no le gustó a su público. A continuación, se muestran algunas de las métricas más importantes para comprender.

Métricas de consumo

Con esta información, es posible descubrir respuestas a preguntas como estas: ¿puede crear una publicación de blog que haya provocado un aumento masivo de visitantes? ¿Sus clientes dedicaron más tiempo a un segmento o género específico de artículos? ¿Puede una parte de las cosas obtener una gran cantidad de acciones o comentarios en las redes sociales?

Escuche a sus clientes

Aunque el análisis de datos puede ser una herramienta valiosa, le proporciona caracteres en blanco y negro en un rango que abarca una gran cantidad de sutilezas. Obtenga el resto del espectro escuchando realmente a sus clientes. sus clientes necesitarán saber que están siendo descubiertos en las redes sociales, así que pídeles que reciban sugerencias y comentarios.

Además, hable con otros miembros de sus empleados para obtener una mejor comprensión de los requisitos de sus clientes. Llegar a sus clientes y responder a sus comentarios le permite recopilar información valiosa y, además, les muestra que su comentario es importante.

Virgin.com proporcionó un excelente estudio de caso al revelar cómo usaron datos de gran tamaño. Las frases de búsqueda integradas que se utilizan en Internet, las personas que se rastrean en las plataformas de redes sociales y las perspectivas e intereses expresados en Internet.

Utilizando la información que se encuentra debajo, la investigaron en profundidad y la integraron en sus comunicaciones, proporcionando a los espectadores el mensaje ideal en las áreas correctas del viaje del cliente.

Cómo hacer su estrategia de contenido desde cero

Cualquier marca puede aumentar la conciencia allí o aquí, pero aquellos que se destacan a lo largo de los años tienen una estrategia configurada para dirigir una toma de decisiones más amplia.

El enfoque de contenido se reduce a averiguar con precisión qué contenido ayudará a su audiencia objetivo y los motivará a tomar medidas que mejoren su empresa. Hacer esto con éxito requiere fusionar algunos componentes móviles. Para nombrar solo algunos, desea establecer objetivos, estudiar a sus espectadores y también planificar cómo los clientes pueden interactuar con sus publicaciones.

La forma en que elabore un plan de contenido finalmente será única para su situación. No existe una gran solución que cada marca pueda replicar para duplicar sus ganancias. Pero hay un par de estrategias centrales que lo colocarán en el camino ideal.

Nueve estrategias para crear poderosas campañas de marketing en Instagram

Ahora tiene muchas ideas. Sin embargo, una impresión es tan fuerte como el plan para esto. Tenemos consejos que le ayudarán a crear un diseño para el logro y alcanzar los objetivos de su campaña.

1. Establecer un objetivo inteligente
Al establecer una meta para su esfuerzo, le gustaría ser específico, mensurable, alcanzable, realista y basado en el tiempo.

Por ejemplo, digamos que desea aumentar sus propios seguidores de Instagram. Divida eso en:

Particular: ¿a quién le gustaría alcanzar? ¿Qué le gustaría que hicieran? Sea preciso en sus objetivos. Asegúrese de tener un objetivo y de que todo el material de su campaña esté combinado para fomentarlo.

Medible: ¿cómo sabrá si tiene éxito? Establezca una línea de base para sus seguidores actuales y su participación, para que sea posible monitorear la expansión.

Alcanzable: ¿el objetivo es realista? ¿Podría cuantificarse correctamente? Los objetivos deben ser difíciles de lograr. Sin embargo, no deberían estar fuera de su alcance.

Realista: esto debería depender de su plan financiero, la tasa actual de expansión y la duración de este esfuerzo. Haga su estudio y no crees una estrategia loca para elegir entre 100 seguidores y 10,000 en 2 semanas (a menos que prometas a los nuevos seguidores una visita gratis a Hawái).

Basado en el tiempo: la duración de su esfuerzo debe depender de su objetivo y del período que cree que querrá alcanzarlo. No pongas un límite arbitrario de una sola semana si sus objetivos son exigentes, pero tampoco lo crees siempre y cuando le deshaga de vapor.

Bono: obtenga una lista de verificación gratuita que muestra las medidas específicas que un fotógrafo de la vida usó para aumentar de 0 a 600,000 seguidores en Instagram sin presupuesto sin el costoso equipo.

Obtenga la lista de verificación gratuita en este momento!

2. Planifique el contenido de su esfuerzo
Una vez que haya identificado sus objetivos, debe planificar todas sus publicaciones de esfuerzo. Cree una hoja de ruta o un calendario de publicaciones de esas publicaciones e historias que necesita discutir todos los días. Si se está comunicando con personas influyentes (más sobre esto a continuación), pídales que

publiquen en un día específico, lo que tiene sentido según su calendario.

Cada publicación debe tener sentido por sí misma al mismo tiempo que fortalece el mensaje total de este esfuerzo. Si los espectadores ven varias publicaciones, deben trabajar juntos para crear placer. Si simplemente le ven, debería ser lo suficientemente poderoso como para atraerlos a descubrir más.

El calendario de contenido puede consistir en publicaciones que proporcionen un registro de su esfuerzo (por ejemplo, si desea anunciar una compra hasta que ejecute esto, o imágenes de su mercancía antes de lanzarla) para generar impulso.

Las campañas son mucho trabajo y querrás lograr su Gatorade a la mitad. Tener una buena estrategia antes de comenzar hará que sea mucho más fácil mantener un nivel constante de creatividad y calidad.

3. Utilice las historias push +
Si simplemente está publicando sus anuncios en el feed de Instagram, entonces se lo está perdiendo. La gente ve 400 millones de historias al día. Sin embargo, solo el 50% de las empresas los utilizan.

4. Utilice evaluaciones a / b
¿Desea aprovechar al máximo la vida útil de su esfuerzo? Utilice pruebas a / b para mejorar su plan. Pruebe múltiples variaciones de sus anuncios al mismo tiempo, lo que optimizará su plan financiero al seleccionar automáticamente los modelos con mejor rendimiento.

Puede examinar a / b prácticamente todos los componentes de su anuncio: imágenes, diagramas, copia, espectadores y página de destino. Y cada evaluación le proporcionará más información sobre lo que funciona bien, brindándole una gran cantidad de información que puede permitirle obtener mucho más de su siguiente esfuerzo de marketing de Instagram.

5. Producir una estética unificadora

Su campaña debe alinearse con la apariencia y textura general de su marca, pero aún puede hacerla diferente. A diferencia de un anuncio, que se beneficia al combinarse bien con el resto de sus publicaciones, el esfuerzo puede sobresalir por sí solo.

Debe ser reconocible y memorable para que cada parte de este esfuerzo se sume a su mensaje completo y coherente. Esto puede ayudar a reforzar su llamado a la acción esencial y generar familiaridad cada vez que alguien ve marketing.

6. Realice un seguimiento de las métricas que importan

Si un esfuerzo cae del bosque y nadie está a punto de cuantificar qué tan fuerte es el ruido, ¿cómo afectó?

Antes de comenzar su esfuerzo, debe haber identificado las métricas esenciales que utilizará para evaluar su logro (es decir, en sus objetivos inteligentes). Por ejemplo, dentro de una campaña de sentido, querrá observar de cerca la ganancia de audiencia, los logros y hablar de la voz.

Todos estos diferirán según los objetivos de su esfuerzo. Hay muchas formas de monitorear las redes sociales, y algunas analíticas son excepcionales para Instagram. Según el tipo de energía (como una compra o el lanzamiento de un producto), entonces puede optar por monitorear las métricas de la plataforma también, a través de hipervínculos rastreables o el uso de códigos de cupón.

Asegúrese de establecer una línea de base, y eso significa que puede evaluar con precisión el efecto de su esfuerzo.

7. Asóciese con influencers

Los influencers son usuarios que tienen una multitud orgánica y considerable en Instagram, y que nuestros comentarios esperan sus opiniones y testimonios. Debido a esto, los influencers pueden ser compañeros increíbles que conectan a uno con una multitud fiel y comprometida e incluyen credibilidad y confianza para su campaña.

8. Presupuesto por logros

¿Los presupuestos son el elemento favorito de todos en un plan de campaña? La mayoría de nosotros debemos hacerlos, así que hagámoslos. Cuando proponga el financiamiento de la campaña, identifique las estrategias que produzcan el mejor sentido para los objetivos y asegúrese de incorporar esos precios.

Entiende que tendrá que cubrir publicaciones e historias promocionadas, pero trabajar junto con influencers y realizar competencias conlleva gastos adicionales. Reúna su información de antemano e incorpórela en su presupuesto de promoción.

En todo un mundo, tendrías fondos ilimitados para todos sus esfuerzos, pero en el planeta tierra, es posible que deba hacer ajustes a sus estrategias si sus fondos están restringidos, o realizar un intento más corto.

9. Considere el encuentro posterior a Instagram

Dependiendo de los objetivos de su esfuerzo publicitario de Instagram, es posible que envíe a las personas fuera de Instagram una vez que hagan clic en sus promociones o publicaciones. ¡No descuide este destino post-clic! Una primera página de destino puede permitirle alcanzar su objetivo de esfuerzo.

Capítulo 4: Por qué y cómo usar Instagram para su negocio

Razones por las que utilizar Instagram para dar a conocer su empresa (infografía) con éxito

Coloque una cara para su marca.

Instagram es una etapa visual que lo ayudará a desarrollar una relación más personal con los clientes. Puede compartir videos e imágenes de su personal y clientes felices para involucrar a sus seguidores.

Un feed visual puede simbolizar la singularidad de su negocio y distinguir a su empresa.

Aumente sus ganancias
Puede utilizar Instagram para actualizar a sus seguidores con respecto a las ventas y promociones especiales. Por ejemplo, puede realizar una campaña publicitaria promocional para generar conciencia y atraer más visitantes a su sitio.

Si está iniciando un nuevo servicio o producto, utilice Instagram para proporcionar un adelanto de sus últimas ofertas.

Informar historias fascinantes
Instagram es el lugar ideal para ser imaginativo al anunciar su marca. Las historias de Instagram, principalmente, se hicieron para impulsar la participación de la audiencia.

Puede utilizar las historias de Instagram para ofrecer descuentos y realizar compras flash. También es posible realizar concursos para mantener el interés de sus clientes.

Razones para usar Instagram en su empresa

1. Más personas utilizan Instagram

Según la gente de Instagram, la existencia de sus redes sociales atrae a más de 800 millones de usuarios activos. De esos innumerables individuos, más de 500 millones han estado en el escenario a diario, y el 80% de ellos están fuera de los EE. UU., El 34% son millennials y el 38% evalúa el sitio web varias veces al día. Con tantos ojos accesibles, no hay ninguna limitación para el éxito que una empresa puede lograr con una estrategia de Instagram comprometida.

2. Cualquier tipo de negocio puede prosperar

Con todos esos consumidores para elegir, el cielo es su límite a lo que su empresa puede alcanzar. Esto se aplica a las empresas grandes y conocidas, además de las pequeñas tiendas de mamá, las tiendas populares y las cirugías de una sola persona.

Por supuesto, para sus empresas más conocidas, el éxito no llegará de inmediato. Aún así, cuando un equipo de marketing desea adquirir su negocio en el mapa, puede lograrlo manteniendo una existencia activa y manteniendo una rutina de al menos una publicación por día. Esta es la forma en que nombres de familias como Coca-Cola y Adidas, además de un montón de pequeñas empresas, han utilizado Instagram de manera eficiente para prosperar.

3. Las empresas pueden ganar dinero directamente desde Instagram

Instagram ha evolucionado a través del tiempo y hoy en día hay un énfasis más significativo en ganar dinero a través del posicionamiento de productos. La aplicación más reciente se conoce como publicaciones que se pueden comprar, y además permiten a las empresas agregar etiquetas a los productos en sus fotografías con hipervínculos, que tienen una descripción del artículo, el costo y también la capacidad de "comprar hoy", lo que llevará al consumidor a su comercio electrónico.

Con este nuevo proveedor, es fácil para una empresa obtener ventas reales de este sitio web, ya que el 72% de los usuarios de Instagram confiesan que compran productos a través de las plataformas de redes sociales, los resultados son difíciles de descartar.

4. Las historias hacen que su empresa se relacione
Instagram es una excelente manera de mostrarles a los posibles clientes que usted es más que una mera empresa sin rostro. Esto a veces se logra a través de muchos de los atributos de la aplicación, pero realmente puede causar una buena impresión con buenas publicaciones e historias.

El enfoque más excelente para utilizar historias en vivo sería revelar información entre bastidores en su negocio como hombres y mujeres que trabajan allí. Algunos casos son videos que muestran cómo se crean los bienes, videos del lugar de trabajo, trabajadores que interactúan entre sí y sesiones de preguntas y respuestas entre usted y sus espectadores.

Las publicaciones en vivo de Instagram también son un medio excelente para construir una relación, credibilidad y confianza con los seguidores, además de demostrar que hay un lado humano en su pequeña empresa. Si los clientes lo ven más que una cosa buscando tomar su efectivo, entonces confían más en su nuevo.

5. Puede asociarse con personas influyentes.
En lo que respecta a las redes sociales, tiene su público habitual, después de lo cual tiene influencers. Para todos aquellos que no lo saben, los influencers son VIP de Internet que frecuentemente promocionan un producto o una marca y lo llevan a la corriente principal.

Un influencer confiable puede llevar las ganancias de su negocio a un nivel completamente adicional a través de un mayor rendimiento de la inversión y la accesibilidad a la demografía, que normalmente no alcanzaría. Si se aprovecha de un influencer conocido, este podría difundir su organización o producto a innumerables seguidores con solo un par de publicaciones.

Manténgase actualizado sobre las tendencias de los consumidores

Otra razón por la que necesita estar cerca de Instagram es porque podrá ayudarle a aprovechar las nuevas tendencias. Puede usarlo para promover causas o simplemente crear interés enviando contenido específico.

Nueve razones por las que necesita utilizar Instagram como empresa, independientemente de cuál sea su negocio.

1. Los clientes lo esperan
Los clientes le buscarán en Instagram.

Pueden buscarlo por su título o por hashtags que tengan que ver con su organización o ubicación.

De cualquier manera, no pueden encontrar que usted es un pésimo encuentro.incluso en el caso, no planea estar excepcionalmente ocupado en Instagram; la mejor práctica es crear una cuenta que, como mínimo, obtenga el nombre de su organización, información de contacto y un par de publicaciones para mostrar su marca.

En cualquier escenario, no es necesario que esa caza se desarrolle en vacío, o peor aún, dirigirlos hacia un rival.

2. Es una señal de confianza
Tener una cuenta de Instagram, especialmente una cuenta de Instagram válida, es una señal adicional de que su empresa es confiable y genuina.

3.Sus clientes y usuarios pueden contemplarte
Permítanos decirle que brinda un servicio o producto excepcional al cliente, o que un cliente está entusiasmado con un producto que acaba de comprarle. Es posible que requieran que Instagram hable de su empresa con sus amigos y seguidores y las reseñas,

especialmente las buenas, son oro para cualquier empresa del mundo.

Ese es el tipo de cosas en las que sin duda desea que lo etiqueten, por lo que puede aparecer en su cuenta de Instagram.

Sin embargo, esto es lo que sucede: si no posee una cuenta de Instagram para empezar, el cliente nunca podrá etiquetarlo y esa es una enorme oportunidad perdida.

4. Es posible etiquetar y potenciar sus productos
Si vende productos, la capacidad de discutir videos y fotos de Instagram que se conectan directamente a estos productos es una tarea importante.
Para aprovechar al máximo esta función, desea crear un catálogo de productos desde la página de Facebook (de ahí es donde Instagram atrae la información del artículo).

5. Apunte hacia su sitio web
No son solo los productos que puede exhibir en las cuentas de Instagram, también son sus documentos técnicos, infografías, publicaciones de blog y algunos otros elementos que publica en su sitio.

Instagram es un canal moderno perfecto en el que puede hacer que los visitantes vuelvan a su sitio web después de educarlos adecuadamente.

Puede hacer clic en compartir en Facebook o incluso Twitter directamente desde Instagram para compartir su publicación con el mismo mensaje en varias redes sociales con un par de clics.

6. Gestión de la reputación online
En lo que respecta a la gestión de la reputación de Internet y la optimización de motores de búsqueda a su nombre, es imprescindible adquirir una cuenta de Instagram.

Su posición en línea es crucial para su empresa y, debido a esto, debe tener cuidado con lo que sucede cuando los clientes buscan el nombre de su empresa o marca.

Además de su sitio, sus cuentas de redes sociales también suelen aparecer en la primera página de los resultados de su motor de búsqueda.

Por esa razón, es una buena práctica crear cuentas de empresa en la mayoría de los sitios de redes sociales (como Instagram) junto con su nombre, incluso si no tiene la intención de usarlas con frecuencia.

La idea aquí sería restringir la página de resultados del motor de búsqueda tanto como sea posible mediante la creación de perfiles y publicaciones que apunten a su marca.

De esa manera, en caso de que reciba una pésima publicidad en línea, su sitio y sus perfiles de redes sociales tienen la oportunidad de luchar contra cualquier contenido dañino.

7.Sus competidores están en Instagram
Si no tiene una cuenta de Instagram mientras que sus oponentes la tienen, les está ofreciendo una ventaja competitiva, clara y simple.

Si no sabe qué tipo de material debe colocar en Instagram, considere lo que hacen sus competidores y lo que aprenderá en este libro.

¡También le daremos mucha inspiración para todo lo que puedas hacer!

8. Redes
Instagram también es una práctica herramienta de networking.

Puede dar me gusta, comentar y enviar mensajes a otras empresas o personas de ideas afines y desarrollar una relación con ellos con conexiones útiles.

De esa manera, en caso de que alguna vez desee comunicarse con ellos en el mundo real o encontrarse con ellos en un evento, ya habrá puesto una base en Instagram.

9. Puede atraer talento

Cada vez que las personas piensan en trabajar juntas o para un nuevo negocio, desean aprender cómo es.

Darles una mirada clara detrás de escena en Instagram (y los sitios de redes sociales en general) es una manera fantástica de mostrar su negocio.

10 cómo utilizar Instagram para pequeñas empresas

Aquí hay 11 consejos y sugerencias sobre la mejor manera de aprovechar al máximo Instagram para una empresa pequeña y generar seguidores fieles:

1. Configure de la manera ideal

Es una gran idea vincular las cuentas de redes sociales de su empresa. Esto es muy cierto cuando anteriormente tiene perfiles de redes sociales con un seguimiento robusto. Es posible enviar a sus seguidores de Facebook, Twitter, Tumblr y otros sitios web a su cuenta de Instagram.Instagram le permite vincularse con sus otros perfiles para garantizar que sus nuevas publicaciones se puedan imprimir en todas esas cuentas automáticamente.

2. Empiece a utilizar historias de Instagram

Las historias de Instagram son una característica polémica, por decir lo menos. En caso de que no lo haya descubierto, las historias de Instagram le permiten unir varios videos e imágenes en una "narrativa" que desaparece después de 24 horas, luego muy similar a Snapchat Tales.

Las pequeñas empresas tardan en utilizar las historias de Instagram cada vez que intentan averiguar cómo tejer el atributo en sus propios enfoques de la mejor manera. Pero hay una gran cantidad de posibilidades que no debe dejar pasar. Como cualquier cambio considerable, las empresas que lo adoptan y lo descubren tienden a cosechar los beneficios más significativos.

Siga los pasos de fabricantes como Taco Bell que han aparecido en las historias de Instagram. Comienza a experimentar y ponte inventivo para descubrir con qué puede encontrar.

3. Controle lo que está funcionando
¿Tiene idea de qué hashtags funcionan mejor? El uso de aplicaciones de informes de Instagram le permitirá encontrar todos estos datos desde un solo tablero y monitorearlos.

4. Sumérjase en sus comentarios
¿Publica solo publicaciones de Instagram en lugar de administrar las que ya tiene? No está solo. Una gran cantidad de pequeñas empresas pagan poco o ningún tiempo para rastrear sus comentarios, en parte porque no es lo más simple de hacer dentro de la aplicación de Instagram y, además, es difícil porque la mayoría de los propietarios de negocios comienzan a buscar publicaciones en lugar de interacción con la audiencia de Instagram.

Para responder a los comentarios de Instagram de forma más sencilla, utilice Sprout Social en varias cuentas de Instagram y todos sus otros perfiles de redes sociales

5. Utilice el marketing de influencers
La promoción de influencers es solo uno de los mejores métodos para hacer crecer rápidamente su Instagram después, especialmente cuando comienzas desde cero. Durante la publicidad de influencers, puede vincularse con personas que tengan un historial probado y someterse a sus seguidores.

En antaño (antes de las redes sociales), el marketing de influencers exigía presupuestos enormes para adquirir deportistas y celebridades que respaldaran su mercancía. Pero las redes sociales han alterado el juego. Hoy en día, las personas que no son celebridades podrían ser influencers y tener cientos de miles o quizás millones de seguidores comprometidos. Eso no solo ha facilitado aún más que los fabricantes se pongan en contacto con influencers, sino que también ha hecho que la publicidad de influencers sea mucho menos costosa.

Sin embargo, es probable que le unas a un influencer favorito de Instagram con un número considerable de seguidores.

6. Producir más videos

Estoy seguro de que no necesitamos informarle sobre la importancia del video ahora para las empresas más pequeñas. Aunque las fotos ahora generan más participación, el video todavía está en alza. En lugar de esperar a que las diferentes marcas controlen, aunque juegue a ponerse al día, comience en este momento.

Con las historias de Instagram, la aplicación está creando un impulso distintivo hacia el contenido. Lo bueno de usar videos de Instagram es que no exigen mucha fabricación. Todo lo que necesita es el teléfono y algo de ingenio. Además, los videos se han servido en pequeños bits con una limitación de tiempo de un momento.

7. Inicie Appming

Compartir el contenido de otros es uno de los mejores métodos para comenzar a construir enlaces. Cuando recién está comenzando a usar Instagram para una pequeña empresa, establecer su primera multitud debe ser su principal prioridad. Tiene que empezar a tener ojos en su perfil para adquirir algunas primeras acciones e implicaciones.

La aplicación es un método rápido y sin esfuerzo para empezar a ganar tiempo. A diferencia de otras redes, Instagram no tiene una forma nativa de discutir el contenido de otras personas. Es posible dar me gusta o comentar. Sin embargo, existen sitios y aplicaciones de terceros que le brindan la capacidad de aplicar. Eche un vistazo a nuestra guía sobre la mejor manera de programar para obtener mucha más información y algunas aplicaciones diferentes que puede utilizar.

8. Capitalice la publicidad en Instagram

Uno de los obstáculos más importantes que impiden que las pequeñas empresas intenten hacer publicidad en las redes sociales son los precios. Siempre que no posea un presupuesto considerable, es un poco más desafiante justificar el gasto de dinero en publicidad. Sin embargo, los anuncios de Instagram representan una excelente oportunidad para las empresas más pequeñas, ya que tienen un precio extremadamente razonable.

Comenzar es fácil, especialmente si actualmente posee una cuenta de publicidad de Facebook, ya que está integrada precisamente en la misma plataforma. Pero abogamos por la creación de activos de imagen personalizados, especialmente para los anuncios de Instagram, en lugar de reutilizar los mismos que usaría para Facebook debido a la forma en que se muestra en el feed.

9. Organice un concurso de Instagram

No se puede negar que la gente disfruta de las cosas gratis. Los concursos de Instagram brindan a su empresa un medio interesante para interactuar con los fanáticos actuales y potenciales.

Hay componentes particulares que querrás incorporar en su competencia para aprovechar al máximo sus resultados. Cree un motivo para su competencia en lugar de la estrategia genérica de "acompáñenos a adquirir un producto complementario".

cree un hashtag personalizado para su competencia.

hacer que la gente etiquete a un amigo y comente para ponerlo en el concurso. Esto ayudará a que su competencia se propague mucho más rápido.
comience a impulsar la competencia al menos una semana hasta que comience a generar anticipación.

Piense en cooperar con otras empresas o personas influyentes para lograr aún más logros.

Antes de comenzar, explore las pautas de marketing de Instagram para asegurarse de que está haciendo todo lo anterior. Dado que el objetivo es recibir seguidores fieles, lo que esté regalando debe estar asociado de alguna manera con su negocio. De esa manera, no solo traerá solicitantes de regalos; sin embargo, las personas que estén legalmente interesadas en su marca.

10. Colabore

Uno de los métodos más rápidos para conseguir una oleada de nuevos seguidores es recibir un reconocimiento o una cita de alguien que ya tiene un número considerable de seguidores. Lo sorprendente de Instagram es que las grandes corporaciones no poseen muchos informes generalizados. Están poseídos por gente común y empresarios de estilo de vida que han completado mucho trabajo para construir su audiencia en particular.

11. Interactúe con los seguidores de su competencia

Algunas de las características esenciales de un seguidor de Instagram participante son:

1. Están considerando su nicho / industria

2. Disfrutan del material que publicas

Con esta táctica, se cuida el primer componente. Cuando una persona está detrás de la competencia, lo más probable es que ya esté considerando su negocio. Esto hace que sea más sencillo adquirirlos y hacer que le sigan también. A partir de ahí, se trata de mantenerlos participados a través del material que publiques.
Crea una lista de los principales competidores que están ocupados en Instagram. Puede optar por colocarlos todos en una hoja de cálculo para que sea menos difícil de monitorear. Empiece con el primer competidor y siga con unos 50-100 de sus propios seguidores. Esta medida le dará un par de seguidores nuevos. Pero no solo somos seguidores posteriores; necesitamos seguidores que participen y que nos ayuden a difundir nuestro nuevo mensaje. Para poder atraer a estos usuarios, querrá comunicarse juntos. En Instagram, hay tres formas fundamentales de participar con las personas:
1. Sígalos;

2. Dele Me gusta a sus fotografías;
3. Comente en sus fotografías.

Capítulo 5: Cómo configurar una poderosa página de negocios de Instagram

Cómo establecer una cuenta comercial de Instagram

Antes de comenzar, si no tiene una cuenta de empresa en Facebook configurada hoy, no podrá completar los pasos descritos a continuación ni aprovechar al máximo el uso de su cuenta de empresa de Instagram. Cuando tenga una página de empresa en Facebook, entonces puede crear sus cuentas de empresa de Instagram.

¿Ya tiene una página de Facebook de la empresa? Entonces saltemos. A continuación se muestra paso a paso la mejor manera de establecer una cuenta de empresa de Instagram.

1. Descargue la aplicación
A diferencia de otras redes sociales, enviar publicaciones en Instagram simplemente se puede lograr utilizando la aplicación móvil. Entonces, el primer paso es sacar su teléfono inteligente, ubicar Instagram en su tienda de aplicaciones y descargarlo.

2. Cree una cuenta con un correo electrónico
Aunque pueda parecer más sencillo usar sus cuentas de Facebook ... ¡no lo entienda! Esto producirá un informe de acuerdo con su página de Facebook. Debido a que será para su empresa, debe utilizar la dirección de correo electrónico de su empresa.

Sugerencia del gurú: si usa su dirección de correo electrónico del trabajo, los contactos podrían tener la capacidad de encontrarlo rápidamente con el atributo "buscar amigos".

3. Principios del perfil y decisión sobre un nombre de usuario

A continuación, creará una contraseña y un nombre de usuario. Si está estableciendo Instagram para una empresa, el nombre de usuario debe ser el título de la organización, o lo más cerca posible de acceder a él. Si es agente de bienes raíces, corredor de seguros o tal, elija una variante de su nombre, organización, lugar. Necesitará algo que lo distinga de su cuenta privada.

Por ejemplo, janejones_nyc_realtor o incluso janejones_insta pueden hacer el trabajo.

Aviso: Instagram creará automáticamente un nombre de usuario para usted, según el título que ingresó. Esto se puede modificar fácilmente a medida que avanza a través de esas indicaciones.

4. Localiza amigos e imágenes de Facebook

Luego, se le pedirá que descubra personas a las que seguir a través de Facebook y dentro de sus contactos. Es ideal tener sus cuentas terminadas y una fotografía o 2 enviadas antes de comenzar a apoyar a las personas, de modo que esté bien hacer clic en "saltar" por hoy. Instagram le brinda la oportunidad de ubicar amigos de Facebook siempre que lo necesite fuera de la configuración de la página web, por lo que este no es un trato único.

5. Decidir la fotografía de perfil adecuada

¡Hora de tomar fotos! La imagen de su perfil debería convertirse en su símbolo o algo familiar que esté relacionado con su marca o reconocimiento si no tiene un logo. Tener en cuenta; esta es la cuenta de empresa de Instagram, no una página. Manténgase alejado de las selfies o las fotos de la banda. Si usted es la superficie de su empresa, utilice una foto profesional que prefiera o tenga una nueva.

Después de tocar "insertar una foto", recibirá algunas opciones de importación de fotos. No importes de Facebook, que extraerá la información de su cuenta personal. Puede importar desde Twitter siempre que sea una cuenta de empresa.

6. Termina su perfil

Aproveche el botón de perfil en la parte inferior derecha para realizar sus cuentas, toque el botón "editar su perfil". Aquí es donde terminas la información de su perfil.

Complete los campos de información de contacto y de subcontratación. Esta es la única ubicación en Instagram, que le permite utilizar una URL en la que se puede hacer clic. Por ejemplo, si coloca una URL en el comentario de una foto que publica, las personas no podrán hacer clic en ella y, por lo tanto, no perderán su tiempo. Su perfil es la única área que necesita para configurar su URL, en lugar de dirigir a los visitantes a su sitio o adonde desea que continúen.

En cuanto a su biografía, está restringido por el recuento de personalidad. Resuma brevemente lo que está haciendo y dónde se encuentra. Es posible editar esta parte cuando lo desee y, por lo tanto, no se preocupe si las palabras ideales no le llegan de inmediato.

7. ¡Ahora viene la parte de la empresa!

Haga clic en "esforzarse en Instagram para aplicaciones de la empresa" y adhiérase a las medidas e instrucciones autoguiadas para completar su perfil y beneficiarse de las herramientas proporcionadas. Aquí hay un tutorial de Instagram sobre el uso de las herramientas de su empresa.

8. Conecte la página de Facebook de su empresa

¿Recuerda al comienzo de este viaje una vez que mencionamos que deseaba que la página de Facebook de una empresa tuviera la capacidad de usar precisamente Instagram para las herramientas de la empresa? Esta es la razón por. Instagram le solicitará que se una a la página de Facebook de su empresa o que cree una. Para aquellos que no lo saben, Facebook obtuvo Instagram hace un par de décadas, por lo que hay más integración que con las dos plataformas.

9. Empiece a publicar

¡Es hora de la parte emocionante! Como mencionamos anteriormente, es una buena práctica tener una foto o dos publicadas en sus cuentas antes de comenzar después de las personas. No hay muchos incentivos para que la gente se quede con una cuenta libre de contenido. Busque algunas imágenes que crea que podrían ser dignas de compartir.

10. ¡Siga a la gente y reciba redes sociales!

En esta etapa, tiene un perfil completo, un par de publicaciones compartidas y es hora de comenzar a seguir a las personas para que comiencen después de usted. Desde el propio perfil (icono inferior derecho), luego vaya a la página de opciones (equipo en la esquina superior derecha).

Desde aquí, encontrará dos opciones cerca de la parte superior, a continuación, siga a las personas:
amigos de Facebook
Contactos

Aproveche ambos e Instagram se vinculará a Facebook junto con su libreta de direcciones. Si tiene clientes anteriores y enlaces guardados en su teléfono, podrá ver su cuenta.

Instagram revelará todos sus amigos en Instagram, que están en su lista de contactos. Empiece después de diferentes informes y comentando y participando en sus publicaciones. Esta es la forma en que logra que la gente vuelva a empezar después de usted.

A medida que publica más tiempo en Instagram y ve a más personas, puede examinar sus notificaciones para averiguar a quién le gustaron sus fotos, a quién le gustaron sus fotos, quién comenzó después de usted, luego dejó un comentario o incluso lo citó en una publicación.

11. Localice y especifique la narrativa de su marca.

Una vez que esté configurado y listo para continuar, es esencial decidir exactamente cuál debe ser la función de su cuenta de empresa de Instagram y también mantener su mensaje en línea. Un agente inmobiliario puede utilizar Instagram para expandir y establecer su percepción pública favorable a través de la participación y fotos con seguidores. Por lo general, eso significa publicar imágenes de las casas que están grabando y los lugares locales favoritos para probar, tal vez no selfies en el gimnasio o imágenes del consultorio del médico cada vez que reciben una vacuna contra la gripe.

12. Ponga su nombre en el mercado

Una vez que haya basado sus cuentas, asegúrese de que el ícono de Instagram esté en su sitio (la mejor práctica estará en su parte de contacto / sobre mí) y en su firma de correo electrónico. También es posible incorporar su identificador en su página de LinkedIn o en algún otro sitio web que obligue a los visitantes a ponerse en contacto con usted.

Inicie una empresa de Instagram siguiendo esos nueve pasos:

Ha descubierto la idea ideal para una pequeña empresa y está listo para emprender otra acción. Crear una empresa implica más que simplemente registrarse en la nación. Hemos elaborado esta sencilla guía para comenzar su empresa de Instagram. Estas medidas asegurarán que su nueva empresa esté bien planificada, inscrita correctamente y que cumpla con la ley.

Paso 1: planifique su pequeña empresa

Una estrategia clara es vital para el éxito como emprendedor. Puede permitirle trazar un mapa de los detalles de su empresa y encontrar algunas incógnitas. Algunas cuestiones críticas a considerar serían:

¿Cuáles son los gastos iniciales y continuos?
¿Quién es su público objetivo?

¿Cuánto tiempo le tomará crecer?

¿Cómo va a nombrar su empresa comercial?

Afortunadamente, hemos completado muchos de estos estudios para usted.

¿Cuáles son los gastos relacionados con el inicio de una empresa de Instagram?

Afortunadamente, los gastos de poner en marcha una empresa de Instagram son sorprendentemente bajos. Espere pagar $ 500 para obtener una cámara excelente. Es posible realizar una empresa de Instagram sin computadora. Sin embargo, le sugerimos que compre una computadora portátil excelente por alrededor de $ 1,000. Como un anunciante de Instagram obtiene casi cero gastos incrementales, podría realizar un negocio de Instagram de forma indefinida. Los pequeños gastos incluyen gastos de viaje, actualizaciones de cámaras y tasas de estudio.

¿Cuáles son los gastos continuos para conseguir una empresa de Instagram?

Una empresa de Instagram tiene pocos gastos continuos. Además del seguro de la empresa, el cuidado personal y las pequeñas tarifas de marketing, que pueden ser tremendamente variables, un comercializador de Instagram puede esperar desembolsar casi nada en gastos generales y de factores.

¿Quién es su mercado objetivo?

El público objetivo de un especialista en marketing de una empresa de Instagram es precisamente el mismo mercado que sus planes generales de marca deben alcanzar. En general, un operador de cuenta de empresa de Instagram debe equipar todas las publicaciones que involucren a Instagram, junto con los propietarios de Facebook. También deben explorar los mercados a los que su marca planea afectar, dirigiéndose también a los mercados adyacentes.

¿Cómo gana dinero una empresa de Instagram?

Los propietarios de cuentas de empresas de Instagram ganan dinero a través de la publicidad de afiliados, el envío de publicidad de marca, la inserción de código y la generación de enfoques publicitarios sólidos en todos los canales. En caso de que una cuenta de Instagram se vuelva famosa, se conocerá con frecuencia.

¿Cuánto podría facturar a los clientes?

Los emprendedores de Instagram operan sobre una base de CPM. Com es el precio para lograr un millón de individuos por artículo. Por lo general, una publicación de CPM patrocinada cuesta entre $ 5 y $ 10. Los emprendedores de Instagram pueden, naturalmente, cobrar por artículos de mayor rango y contenido único. Como un comercializador de Instagram gana dinero en efectivo de las acciones y las vistas, su cargo de costo real por publicación es variable.

¿Qué ganancia podría obtener una empresa de Instagram?
Las publicaciones patrocinadas de Instagram suelen rondar los $ 300 por año, en caso de que las cuentas de Instagram tengan muchos seguidores. Un comercializador de Instagram razonablemente exitoso podría ganar aproximadamente $ 20,000 cada año. Un vendedor de Instagram extremadamente útil puede crear seis caracteres si se considera que son "famosos" en su vecindario.

¿Cómo puede hacer que su empresa sea más rentable?
Diversifique sus publicaciones, pero asegúrese de permanecer en su especialidad. Conéctese con personas influyentes de las redes sociales y concéntrese en generar tráfico tan pronto como haya creado una audiencia básica.

¿Cómo va a nombrar su empresa comercial?
Seleccionar el nombre perfecto es extremadamente importante. Lea nuestra guía completa sobre la mejor manera de nombrar su empresa. Recomendamos comprobar si el nombre de la empresa que elige se ofrece como un nombre de dominio de Internet y adquirirlo con anticipación para que nadie más pueda aceptarlo.

Paso 2: escriba algo legal
Colocar una entidad comercial legal como una LLC le impide ser responsable en caso de problemas con su empresa de Instagram. Hay muchas estructuras de pequeñas empresas para elegir, como corporaciones, LLC y dbas.

También debe pensar en utilizar un servicio de corredor registrado para ayudar a salvaguardar su privacidad y seguir cumpliendo.

Paso 3: regístrese para impuestos

Tendrá que inscribirse para diferentes impuestos federales y estatales hasta que sea posible abrir su negocio.

Para inscribirse para los impuestos, deberá solicitar un EIN. ¡Es gratis y sin esfuerzo!

Paso 4: abra una cuenta bancaria comercial y una tarjeta de crédito

La utilización de informes bancarios y crediticios dedicados a las pequeñas empresas es vital para la protección de los activos privados.

Cuando se combinan las cuentas privadas y de la empresa, sus activos (su casa, vehículo y otros objetos de valor) están en peligro en caso de que los emita su empresa. En la legislación de empresas, esto se puede denominar perforar el velo de su empresa.

Abrir cuentas bancarias de una empresa
Esto fue evaluar sus activos a partir de los recursos de su organización, lo cual es crucial para la protección de activos privados.

Además, simplifica la contabilidad y la presentación de impuestos.

Paso 5: establezca la contabilidad de la empresa

Registrar sus diferentes gastos y fuentes de ingresos es esencial para comprender el desempeño financiero de su empresa comercial. Mantener cuentas precisas y completas también simplifica significativamente su declaración de impuestos anual.

Paso 6: adquiera las licencias y permisos necesarios

La lucha para obtener los permisos y permisos necesarios puede dar lugar a fuertes sanciones, o incluso hacer que su empresa sea cerrada.

Oferta de servicios

Las empresas de Instagram deben exigir a los clientes que se registren para obtener servicios antes de comenzar un nuevo trabajo. Este arreglo debe aclarar las expectativas del cliente y disminuir el peligro de disputas al establecer estipulaciones de pago, expectativas de nivel de soporte y propiedad intelectual. Aquí hay una buena ilustración de uno de esos arreglos de servicios.

Paso 7: obtenga un seguro comercial
Se recomienda el seguro para muchos dueños de negocios. Si contrata trabajadores, el seguro de compensación para empleados puede ser una necesidad legal según su condición.

Paso 8: establezca su marca
Su marca es exactamente lo que representa su organización, además de cómo el público en general percibe su empresa. Una marca sólida ayudará a su empresa a diferenciarse de sus rivales.

Cómo comercializar y promover una empresa de Instagram
Para comercializar sus cuentas de Instagram, pida a los clientes que lo etiqueten si hablan de las imágenes de los productos de su fabricante. Comenta con frecuencia y disfruta de las imágenes lo antes posible. Para publicitarse, proporcione a las diferentes marcas un motivo para emplear su experiencia. Si es bien conocido por sus habilidades promocionales, revele campañas anteriores. Comparta publicaciones asociadas con los productos de una marca y realice promociones y obsequios. Mire quién vuelve a publicar sus hashtags, también acceda a páginas privadas de Instagram.

Cómo seguir haciendo que los clientes vuelvan
Atraer usuarios de Instagram no es difícil, pero requiere entrenamiento. publique a las 5 pm todos los días, también use análisis web para determinar la hora ideal del día después. Nuevamente, reaccione a las publicaciones y comentarios de los clientes. Inserte todas las publicaciones de Instagram en su sitio privado también. ¡Para mantener a los clientes, siga siendo aplicable! Sepa hacia dónde se dirige actualmente su nicho antes de que llegue allí. Utilice hashtags aplicables. Conozca lo que sus clientes necesitan decir.

Paso 9: establecer una presencia en la web

Un sitio web empresarial permite a los clientes obtener más información sobre su organización y los servicios o productos que ofrece. Incluso podría utilizar una red social para atraer nuevos clientes o clientes.

Capítulo 6: Tipos de contenido
en Instagram

Permítanme suponer que, en lo que respecta a enviar Instagram, no puede decidir si desea reunirse con su feed con muchas publicaciones promocionales o imágenes de su gatito. ¿Puedo cerrar?

La razón por la que los propietarios de negocios tienen tantos problemas para generar publicaciones para Instagram es porque creen que necesitan seleccionar un tipo de publicación en otra, o bien.simplemente no pueden producir suficientes ideas para crear una combinación equilibrada de publicaciones.

Permítame decirle que a su gente le gusta la variedad. Es aburrido ver una cosa idéntica una y otra vez. Y si no está involucrando a sus seguidores, les garantizo que no se molestarán en buscar más en los servicios y productos que usted trabaja tan duro para ofrecerles.

Está atascado. Lo hago.

Para despegarlo, he generado una lista de 10 tipos distintos de publicaciones que puede discutir en Instagram que ayudarán a involucrar a su audiencia y desarrollar seguidores leales.

1. Cotizaciones
No importa dónde se encuentre su mercado objetivo, prácticamente les garantizaré que les gusten las citas de eslóganes divertidos o inspiradores. Comparta una combinación de imágenes de citas como las que he mostrado a continuación, o establezca una imagen usando una cita escrita en su título.

2. Publicaciones de estilo de vida
La gente quiere conocer a la persona que está detrás de la marca. Escriba un avatar de cliente para ayudar a determinar exactamente

cuáles son los intereses y pasatiempos de su cliente perfecto. Si ha decidido que su cliente es alguien a quien le gusta trabajar y usted también es un corredor en su tiempo libre, discuta cómo coincide con el correr en su horario diario o la importancia que le hace creer. Brinde a sus espectadores la oportunidad de conocerlo a nivel individual.

3. Preguntas abiertas

Para aumentar su grado de participación, agregue una consulta abierta en su título. Ocasionalmente, su audiencia quiere participar con sus publicaciones, pero no pueden encontrar un medio sencillo para reaccionar. Hágalo más simple preguntándoles exactamente cuáles son sus batallas, sus ideas sobre un tema nuevo o simplemente cómo va su día.

4. Testimonios

Si ya ha comenzado a trabajar con clientes o promocionando su mercancía, solicite testimonios y hable con ellos en Instagram. Esto puede mejorar su credibilidad y, al mismo tiempo, atraer a las personas a preguntar acerca de sus suministros.

5. Detrás de escena

Algo fascinante es tener la capacidad de ver la forma en que los dueños de negocios hacen lo que hacen. Demuestre a su audiencia precisamente en qué está trabajando o bríndeles un desglose de sus productos y servicios. Este tipo de material es particularmente perfecto para fotógrafos, videógrafos, planificadores de bodas y maquilladores.

6. Datos curiosos

Comparta información agradable sobre usted y su empresa. Deje que la gente lo conozca personalmente y lo que hace que su empresa sea única.

7. Publicaciones promocionales

Por supuesto, le gustaría comercializar activamente sus servicios y productos. Pero tenga en cuenta que el simple hecho de que no esté dando a sus espectadores una llamada a la acción para comprar algo no significa que su empresa no esté siendo promocionada.Se está construyendo y posicionándote como un profesional, lo que requiere tiempo. Tiene que estar reuniendo continuamente la variable de conocimiento, me gusta y confianza para convertir seguidores en clientes o clientes que pagan.

8. Historia de la marca

Deje que las personas comprendan hoy la historia detrás de su pequeña empresa. Una vez que empezó, qué le hizo decidir seleccionar su mercado, su historial educativo, cuáles son sus valores y sus objetivos profesionales. No comparto toda esta información en una publicación. le di cinco subtítulos distintos que podrás crear haciendo referencia solo a su nueva historia.

9. Contenido de video

La gente no revela tantos videos en Instagram desde que estaba acostumbrada. Para todos, es más sencillo colocar gráficos y texto, pero el contenido de video tiene una gran importancia. El video puede ser atractivo y divertido y, por supuesto, el uso de videos en su feed ayuda a aumentar la visibilidad de su cuenta. Tiene un minuto completo para lanzar su película a su público, por lo tanto, haga que cada momento cuente.

10. Sorteos

Ahora, ¿a quién no le gustan las cosas gratis? Los sorteos son una excelente manera de aumentar la participación y aumentar su audiencia, pero debe ser inteligente con respecto a lo que ofrece. Le gustaría ofrecer algo relacionado con su pequeña empresa o su mercado objetivo para que su obsequio atraiga a sus clientes perfectos en lugar de a cualquiera. Si usted es un profesional del fitness, es posible que maquillarte no tenga el mejor sentido.

Capítulo 7: Siete formas de ganar dinero usando Instagram

Instagram es un lugar para hablar de su entusiasmo a través de imágenes y videos breves. Puede vincularse con otros fanáticos, desarrollar un seguimiento de fanáticos y, finalmente, convertirse en un influyente importante en su área de especialidad de interés. La mayoría de las cuentas de Instagram de hoy confían en sus seguidores de entre miles de miles y se preguntan cómo ganarse la vida con Instagram.

Las marcas han reconocido las oportunidades publicitarias que brinda la ventaja y el efecto de estas cuentas. Ha abierto posibilidades interesantes para que los consumidores con un gran número de seguidores en Instagram produzcan dinero. A continuación se muestran algunas de las formas en que es posible generar ingresos en Instagram.

1.Vender productos o servicios de afiliados
Instagram le permite agregar enlaces monitoreados a una sección de biografía propia y en la descripción de cada artículo. Estos enlaces monitoreados vinculan su página web a varios sitios comerciales y sus productos, que usted aloja en nombre de la organización.

Por cada cliente que visita el sitio de la organización utilizando su conexión, la empresa paga una determinada cantidad de dinero. En algunas ocasiones, también recibirá una parte de la ganancia cuando el consumidor realice una compra.

Algunas técnicas para maximizar sus enlaces publicitarios de afiliados son:

acorte la conexión de afiliado empleando un servicio de acortamiento de enlaces como Bitly, por lo que su publicación no parece demasiado sombría.

utilice los hashtags apropiados relacionados con la mercancía para atraer visitantes a una publicación.

mencione un código de descuento en particular en su publicación y solicita a los consumidores que utilicen el sistema mientras compran el producto patrocinado. Esto se conoce como un código de referencia que también le permite a la empresa saber que su página web está obligando a vender sus productos.

2. Promocionar productos para empresas.

Después de convertirte en un influencer de las redes sociales, puede vender productos patrocinados a través de su página de Instagram. Esto significa que las empresas lo cubrirán para obtener publicaciones sobre sus servicios o productos.

Puede hacer estas publicaciones en un tiempo para diferentes empresas o conectar su marca con algunas empresas en particular y publicar con frecuencia sobre sus beneficios. Algunas de las formas en que operan las publicaciones afiliadas son:

se le pedirá que discuta su experiencia individual con los productos de la organización a través de sus artículos con los amantes.

puede volver a publicar varias publicaciones de la empresa en su página.

puede compartir imágenes de usted mismo utilizando los bienes de la organización y etiquetar la organización en las fotos.

3. Venda su mercancía

Esta es una alternativa para que los consumidores de Instagram tengan un impulso más emprendedor. Puede diseñar sus propios productos y comercializarlos para una audiencia de Instagram.

En lugar de intentar vender su producto a una empresa más importante para obtener alternativas de marketing mucho mejores, puede servir a su audiencia de Internet.

Aviso: tenga en cuenta que si vende productos caseros, será responsable de las dificultades legales, de salud o físicas que sufran los compradores. Asegúrese de haber recibido todas las licencias necesarias para promocionar su mercancía de antemano.

4. Brindar un servicio pago

Si tiene muchos seguidores en Instagram, significa que tiene acceso a algún recurso o habilidad sobre el que otros usuarios quieren saber más. Es posible que su donación no se traduzca necesariamente en una solución concreta. Sin embargo, puede proporcionar su donación en forma de ceremonia, como clases de baile.

Esto se puede hacer de muchas maneras:
incluya un enlace en su biografía que requiera visitantes a su sitio para una descripción completa de sus soluciones.
Incluya sus habilidades en su biografía y diga que está abierto a actuar siempre, utilizando una forma de llamarlo profesionalmente.
proporcione sus servicios a tarifas bajas por intervalos de tiempo limitados.
Conéctese con diferentes usuarios que brindan soluciones similares para construir una comunidad profesional e intercambiar consejos, clientes potenciales, etc.
utilice sus publicaciones, sus imágenes y videos para promover su habilidad, ya sea que sea fotógrafo, bailarín, artista o experto en cualquier otro mercado.

5. Mejore sus fotos de Instagram
Una de las formas más básicas de ganar dinero en Instagram es simplemente vender sus fotografías. Lo extraordinario de esta alternativa es que no necesita un número considerable de seguidores para comercializar sus imágenes.

Si su fascinación por la retirada o la fotografía es precisamente lo que lo llevó a Instagram en la primera ubicación, puede sacar provecho de su curiosidad. Para empezar, tómate el tiempo para perfeccionar sus habilidades fotográficas, utilizando clases en línea.

Tan pronto como haya comenzado a tomar fotografías profesionales, puede utilizar los siguientes enfoques para comercializar sus imágenes:

En caso de que tenga un seguimiento masivo, puede proporcionar la venta de copias impresas de sus fotografías de Instagram a sus seguidores para obtener una tarifa.

Los sitios web como Shopify le permiten suscribirse a su servicio y comercializar sus fotografías en su sitio. Estos sitios web están dirigidos a los espectadores que buscan principalmente comprar fotos pertinentes.

Es posible publicar sus fotografías sobre el producto, como anteojos y camisetas, y comercializar estos productos nuevamente.

Es posible comunicarse con empresas de Instagram y proporcionar sus servicios de imagen. Las empresas pueden cubrirlo para publicar cierto tipo de fotos sobre sus productos.

6. agradecimientos económicos a los usuarios de Instagram más pequeños

La popularidad en Instagram es una decoración incondicional. Encontrará solo un par de influencers en la parte superior y decenas de miles de estaciones aspirantes que parecen mejorar su popularidad.

En tales casos, puede aprovechar su reconocimiento por dinero en efectivo ofreciendo a los usuarios de Instagram adicionales a cambio de una comisión. Puede tomar el tipo de:

compartir la publicación del cliente.

etiquetándolos en sus publicaciones.

Invite a sus seguidores a echar un vistazo a su página web.

convertirse en un seguidor de la página web de su cliente y disfrutar y comentar con frecuencia sus publicaciones.

7. Dar tutoriales de Instagram sobre divisas.

Conseguir un influencer importante en Instagram es una tarea difícil de hacer. Su logro en el sitio web será un testimonio de sus habilidades de publicidad y marketing y su comprensión de cómo funciona Instagram. También tendrás que aprovechar el algoritmo de Instagram para adquirir la mayor cantidad de me gusta, comentarios e incluso seguidores.

Puede dar a compartir su información con nuevos clientes en el tipo de tutoriales o cargos de consulta. Existen varios tipos de aplicaciones que le permiten realizar presentaciones y clases junto con sus conocimientos, que los lectores pueden obtener a cambio de una comisión.

O puede cargar sus clases en sitios web de tutoriales, como tiza digital, junto con mundos de aprendizaje y conectarse a ellos en su propia página de Instagram.

Sacar provecho de su popularidad en Instagram
Siempre que esté dispuesto a aprovechar esa prevalencia correctamente, también puede ganar dinero con Instagram. Solo tómese un tiempo para determinar cuál de esos procedimientos para generar dinero discutidos anteriormente se adapta mejor a sus noticias específicas en Instagram.

En última instancia, tenga en cuenta que una forma decisiva de mejorar su propia empresa es haber confirmado en Instagram para mostrar claramente a sus seguidores que no está ejecutando algún tipo de estafa.

Parte 2: manual de estrategias de crecimiento de Instagram

Capítulo 8: Cómo definir su estrategia de contenido

Estrategia de contenido: una guía de desarrollo

Las métricas de participación del usuario, que miden lo que hacen los consumidores en su sitio y la forma en que actúan (por ejemplo, el tiempo en el sitio web, la duración de la sesión, la velocidad de rebote y los clientes que regresan), ahora han sido señales no oficiales de Google.

Atrás quedaron los tiempos en que enviar una publicación de 400 palabras con una densidad de palabras clave del 2 por ciento puede aumentar las posiciones de búsqueda de una página. Ahora, el contenido excelente inadecuado incluye un efecto mucho más perjudicial en un sitio web, haciéndolo flotar en un mar de publicaciones que se crearon solo con fines de SEO.

Sí, la forma en que se socializa el contenido con Internet está en el radar de Google, como lo demuestra la reciente solicitud de patente de Google. Por lo tanto, si bien es imperativo desarrollar una estrategia de promoción de contenido confiable para atraer y retener a los usuarios, además, mejora las posiciones de búsqueda de Google de un sitio web. En consecuencia, concéntrese en crear material de calidad y obtendrá un aumento en los rangos de SERP como una ventaja secundaria.

La clave estará siempre en flotar antes de generar cualquier material. No solo produzca contenido por el contenido. Tan pronto como comiences a crear contenido excelente, así como sus clientes, participen con él y también aumenten las clasificaciones al mismo tiempo, comprenderás la razón por la cual esta es una estrategia muy superior.

Tampoco es tan difícil como parece. Las sugerencias de esta guía pueden ayudarlo. Ahora, comencemos con la primera medida, que será especificar sus objetivos.

Estas son las seis acciones en las que debe concentrarse antes de comenzar a crear publicaciones.

1. Especifique una misión, objetivos y también KPI
Hace un par de décadas, Athenahealth surgió y luego insight, su libro de noticias en el sitio, para hacer una inversión crítica en la promoción de contenido. Según el director ejecutivo de comunicaciones y contenidos John Fox, el grupo publicitario hizo una opción para corregir el nuevo punto de vista desde que se preparaba para su lanzamiento.

"En una variedad de cosas en nuestra historia, hemos hablado mucho sobre lo que está mal en el cuidado de la salud, lo que está roto. Hemos aprovechado mucho esto con respecto al liderazgo de pensamiento", explicó Fox. Pero hemos hecho un movimiento consciente para señalar el camino hacia un remedio, siendo la voz del optimismo y la esperanza de ayudar a otros y médicos ".

2. Estudie a sus espectadores
En la locura del contenido, el primer error que cometen los emprendedores es apoyarse demasiado en el instinto. Intentan llegar a todo el mundo o, de lo contrario, centran demasiado su atención en el hombre o la mujer que tiene el máximo poder adquisitivo. El instinto viene con una ubicación en la promoción de publicaciones, pero quizás no si no se detecta.

3. Realice un análisis de las deficiencias

Ahora que los fabricantes están trabajando, como los editores, también están compitiendo contra ellos. Una empresa como Marriott, por ejemplo, no solo está luchando contra otras cadenas de resorts para la atención al cliente. Actualmente está discutiendo con Travel + y National Geographic. Para que la organización brinde una experiencia excepcional y aumente el conocimiento de la marca, debe comprender a qué se enfrenta.

Antes de invertir dinero en una nueva narrativa, debe averiguar con precisión qué necesita su audiencia frente a lo que ya se está convirtiendo. Las aberturas dan forma a su dulce lugar para la creación de contenido.

4. Mapear el viaje del comprador

La conciencia de marca es la impresión inicial. Sin embargo, la relación no termina ahí.

Cualquier especialista en marketing de contenido debe producir el valor de su sueldo teniendo en cuenta todo el embudo publicitario, ya que el objetivo final es generar ganancias. La conciencia de marca ocupa la capa superior de este embudo, demostrando confianza a través de publicaciones en blogs, videos de infografías y publicaciones en redes sociales que impiden la autopromoción. Finalmente, sin embargo, el contenido debe vincularse a la consideración, las decisiones de compra y la retención.

5. Desarrollar una estrategia de suministro

Uno de los conceptos erróneos más grandes sobre la promoción de publicaciones es que las historias decentes florecen por sí mismas. Los anunciantes simplemente lanzan una publicación en un sitio y esperan que todos aparezcan. Eso no es un plan; es solo una ilusión.

La distribución de contenido requiere tanta preparación y previsión como la producción de material. La sección de la investigación de su audiencia debe incluir dónde invierten su tiempo. Si su público trabaja en finanzas, es posible que estén ocupados en LinkedIn. Para todas las personas en marketing y medios, Twitter es un lugar de reunión favorito. Es probable que las empresas minoristas deseen investigar Instagram y Facebook, que parecen atraer a la mayoría de las multitudes.

6. Elaborar un calendario de materiales

Esta última medida cierra la brecha entre creación y estrategia. Para asegurarse de que su resultado se mantenga fiel a su plan, aplique el contenido fundamental que creará dentro de las primeras dos semanas en un calendario que todo su personal pueda obtener.

Después de por qué se definió la promoción del puesto en este nivel táctico, entonces se entra en la maleza con el camino. ¿Vamos a mantener los barcos funcionando a tiempo? Considere la estrategia de un patrón que utilizaría un arquitecto. Es tener los fundamentos estratégicos configurados como un calendario de materiales.

Los cuentos originales de este calendario deben comprender todo el estudio sobre temas, formatos, palabras clave, etc. Siempre que el primer objetivo sea captar la atención y fidelizar y replicar el calendario con partes centrales del contenido.

Capítulo 9: Involucre a su audiencia

Cinco excelentes formas de impulsar su audiencia en Instagram

Más que en las tres décadas anteriores, Instagram ha evolucionado en algún lugar para publicar fotografías de su comida en algunos catalizadores poderosos de la empresa para algunas de las marcas más grandes del planeta. La adopción entre los usuarios web y las empresas se ha disparado y, a diferencia de la mayoría de los otros sitios de redes sociales, la mayoría de las personas se inclinan a completar sus feeds de Instagram con contenido nuevo.

Una red social en la que las personas quieren que las empresas se conecten suena como una fantasía hecha realidad, pero no asumas esa voluntad por sentada.sus seguidores esperan quese ocupe de los me gusta de Instagram que les gustaría: satisfaciendo su feed con imágenes asombrosas, comentando sobre las fotografías de otros y, por lo general, siendo más atractivo.

Si no está seguro de cómo atraer a sus espectadores fuera de los me gusta y los comentarios, hemos reunido algunos procedimientos diferentes para crear una verdadera impresión en Instagram.

1. Use influencers
Si está buscando aumentar su visibilidad, piense en llegar a otras cuentas y usuarios atractivos de Instagram. Hoy en día, los influencers de las redes sociales son similares a los actores de hoy en día. Colaborar con personas influyentes puede ayudarlo a aumentar su alcance, una nueva conciencia y mostrar a las personas en quién se está enfocando en las tendencias.

Una de las facetas esenciales de asociarse con influencers es elegir personas que sean la pareja ideal para su marca. Teniendo en cuenta que su audiencia lo es, le gustaría ubicar personas influyentes que tengan algo más que un importante después; le gustaría descubrir los influencers que poseen la espalda adecuada. Los principales influenciadores de su estrategia de promoción de Instagram serán los hombres y mujeres que resuenen con su mercado objetivo e impulsen la participación en ese vecindario.

Llegar a una comunidad masiva solo es beneficioso si también puede involucrarse bien. Mire más allá de las cantidades de seguidores y concéntrese en los influencers que impulsan una enorme cantidad de interacciones. Asociarse con personas que actualmente están creando un alto compromiso generalmente significa que tendrá la capacidad de convertirse en parte de un diálogo, en lugar de intentar elegir uno o comenzar el suyo desde cero.

2. Utilice Appming

Uno de los métodos más potentes para atraer a sus seguidores de Instagram sería convertirlos en contenido entrante. La reprogramación, la costumbre de enviar una foto de las cuentas de Instagram de otra persona a su computadora personal, junto con la carga adecuada, es una de las formas más simples y productivas de atraer a su audiencia. El fundador de la imagen recibe un reconocimiento especial por una nueva y mayor vulnerabilidad a través de su red. Como nueva marca, demuestras a sus espectadores que les prestas atención y que estarías feliz de hablar sobre sus publicaciones.

Si algunas de sus marcas favoritas disfrutan de su fotografía lo suficiente como para hablar de ella en su feed, eso es algo que entusiasmará a la mayoría de la gente. Produce un tipo de relación de beneficio mutuo, también puede convertir a un entusiasta casual en un embajador de su marca. Además, hace posible llenar su feed con todas las fotografías geniales mientras le ahorra el tiempo que tendría que salir y tomar usted mismo.

Ver estas imágenes de la aplicación probablemente hará que sus otros amantes comiencen a compartir más, desarrollando paradójicamente un ciclo de contenido accesible generado por el usuario que usted utiliza. Sin embargo, ¿cómo puede motivar a los entusiastas a compartir sus fotos con usted en la primera ubicación?

Algunos consejos para llevar UGC a Instagram incluyen:

Usar un hashtag de marca persuasivo que promueva los obsequios de los usuarios;
Organización de un concurso de fotografía a través de Instagram;
Permanecer en la parte superior de sus imágenes etiquetadas;
Fomentar la admisión de fotografías durante eventos en vivo de la marca.

3. Utilice sus subtítulos para impulsar la discusión
Demasiados fabricantes manejan la leyenda de Instagram en el último momento. Instagram es una red social visual, así como la fotografía más; sin embargo, su título es una propiedad valiosa que puede utilizar para generar un compromiso adicional.

Una leyenda fantástica, lo sienta o no, probablemente no será solo de unas pocas palabras. Los mejores usuarios de Instagram del planeta tienden a contar una historia, hacer una pregunta o utilizar hashtags entretenidos o incluso emojis. Dedicar algo de tiempo a crear cuidadosamente el mejor título le dará vida a su imagen y ayudará a sus seguidores a enlazarse contigo junto con sus publicaciones.

Busque una voz constante. Simplifique su vida con algunas pautas suaves, como incorporar una fecha o marca de tiempo, o enviar letras adecuadas. ¿Es realmente un narrador que escribe un párrafo o le gustaría utilizar unidades de conversación que animen a sus visitantes a hablar? Localizar su voz privada es esencial y lo ayudará a lidiar con el bloqueo del escritor más adelante.

4. Participe en sus hilos de comentarios.
Hacer un seguimiento de lo que dicen sus seguidores sobre las imágenes que publica, tanto negativas como positivas, es una parte considerable de la participación de su audiencia. Agradezca a las personas por escribir comentarios, o incluso por etiquetar a sus

amigos. Reaccione a los comentarios en los que la gente le haga preguntas sobre la foto o sobre su pequeña empresa.

Al aprovechar la oportunidad para admitirlos, demuestras que cuidas lo que deben decir. No tomará mucho tiempo, sin embargo, reaccionar a los comentarios, preguntas y problemas que aparecen en sus feeds de Instagram crea una poderosa lealtad a la marca y revela que hay un verdadero hombre detrás de las imágenes.

5. Realice concursos y campañas.
Organizar una competencia puede generar cierto entusiasmo crítico en todos los aspectos de su pequeña empresa o marca. Instagram hace que sea relativamente sencillo realizar concursos rápidos que pueden construir su próximo y aumentar la participación. Los únicos límites son su imaginación. Considere lo que está intentando escapar de la competencia y considere sus opciones.

Aquí hay un par de competiciones únicas en las que quizás desee pensar:

Las competiciones similares se encuentran entre las más sencillas de patrocinar. Estos solo piden a los usuarios que les gusten sus publicaciones para participar en un concurso por un premio de su elección.

Los concursos de comentarios solicitan a los seguidores que realicen un poco más de trabajo, tocando su publicación para competir. Estos concursos generalmente se enmarcan como "veamos por qué desea ganar ese premio" o incluso "etiquete a tres de sus amigos". Pedir a sus visitantes que comenten o etiqueten a otros clientes de Instagram le ofrecerá una excelente respuesta además de dirigir nuevo tráfico a la cuenta de Instagram de su empresa.

Los concursos de reprogramar piden a aquellos clientes que deseen poner en su juego que reprogramen una imagen, etiquetando su empresa o cuenta. De esta manera, una impresión de su elección se compartirá no solo con sus seguidores, sino también con los seguidores de sus seguidores. #followerception.

Los concursos de reto fotográfico son un tipo popular de concurso de Instagram. Informan a los usuarios que desean ingresar para colocar entre sus fotografías en sus cuentas privadas, utilizando hashtags particulares. El verano pasado, la firma de ropa interior masculina My Package realizó una competencia en Instagram solicitando a sus seguidores que compartieran imágenes con el hashtag #permissiontoplay. Explicaron que le estaban dedicando permisos "... para escapar del rumbo, consentimiento para terminar los objetivos de la vida diaria, permiso para salir de su rutina diaria ... Permiso para realizar". En breve, la competencia ganó popularidad ya que los seguidores (antiguos y nuevos) compartieron fotografías de "salir y ser increíble". Incluso después de que terminó el juego, los consumidores de Instagram han seguido utilizando el hashtag que tiene más de 7.200 publicaciones.

Su audiencia en Instagram

Diseñe una introducción eficaz

Involucre al espectador: hágalo curioso, ofrézcale una razón para escuchar también. ¿Cómo?

1. Explice una escena o una personalidad.

2. Cuente una narración.

3. Comparta un encuentro personal.

4. Relacionarse con una ocasión actual.

5. Apóyese en el comentario o motivo de un orador anterior.

6. Señale algo significativo sobre la multitud o el entorno moderno.

7. Muestre una imagen visual persuasiva.

8. Solicite una pregunta provocativa.

9. Exprese un hecho que sea molesto, divertido o notable.

10. Averiguar qué está en juego para los oyentes.

11. Proporcione un seguimiento divertido o anécdotas.

12. Explique su interés en el tema.

13. Informar a los oyentes con precisión qué deben hacer los sujetos juntos.

Concentre la demostración: informe a los oyentes de qué se trata. Indique el objetivo de la demostración o su tesis o pregunta de investigación. Informe a los oyentes con precisión lo que aprenderán.

Obtenga una vista previa de lo que va a seguir junto con sus cosas, su estrategia o el tipo de contenido.

Dirija su contenido a la experiencia, el conocimiento y los intereses de sus oyentes.

1. Defina frases desconocidas.
2. Utilice ejemplos definidos y específicos para ilustrar puntos. Cuenta historias.
3. Haga que los datos tengan un propósito: use imágenes para ayudar a explicar la información numérica. Redondea grandes cantidades. Interprete estadísticas, interpretelas en términos individuales. Hacer comparaciones.
4. Utilice analogías para vincular lo desconocido con lo famoso. ("es como ...")
5. Construya la participación de la audiencia creando su tema privado, inmediato y de vecindario:
conéctese al aquí y ahora.
consulte con la experiencia de los oyentes. Mencione su experiencia. Personalice el tema si es apropiado.
enfatizar el ángulo del vecindario: un individuo, un lugar, una ocasión. Tráelo todo a casa.

Guíe a sus oyentes

1. Utilice reseñas y resúmenes.

Las vistas previas informan a los oyentes sobre lo que viene o cómo es probable que cree un escenario. Por ejemplo, en un debate sobre por qué existen desacuerdos entre las calificaciones de rendimiento de combustible de la EPA de los automóviles y el rendimiento de combustible real, podría decir: "Primero explicaré cómo llega la EPA a sus números. Luego, describiré cómo se comporta el sindicato de consumidores sus evaluaciones ".

Los resúmenes recuerdan a los oyentes lo que es significativo en lo que fue simplemente revestido. Un bosquejo es particularmente beneficioso para reencuadrar o reenfocar la conversación después de una serie de detalles alentadores o después de una discusión ligeramente extendida sobre una etapa.

2. Utilice postes indicadores y ajustes.

las señales son frases o palabras como "en primer lugar ...", el siguiente problema es ... ", el debate crítico es ...", etc ... Le dicen al espectador dónde se encuentran en la demostración y señalar lo que es importante notar o recordar.

las transiciones garantizan que nadie se quede atrás una vez que pase de una etapa a otra. Revelan cómo fragmentos de publicaciones se vinculan entre sí y también a una tesis; también conectan cosas y mejoran las transiciones "fluidas" en demostraciones orales con frecuencia necesitan ser más evidentes que las que se utilizan en la composición. Informan a los oyentes no solo de que usted va, sino también de adónde va a continuación. Los cambios en la postura corporal, los gestos y la voz pueden ayudar a los oyentes a comprender esa transición.

Utilice un lenguaje claro para el oído

Evite referencias vagas de pronombres. Todos estos son horribles en la composición pero espantosos en el lenguaje. Los oyentes no tienen la alternativa de mirar hacia atrás en el texto para averiguarlo.

Diseñe una conclusión efectiva

Resuma y reenfoque. Recapitule los argumentos o puntos clave que ha cubierto. Reitere su objetivo, tesis o consulta de investigación. Refuerza lo esencial para que su audiencia elimine la presentación.Cerca. Produzca cierre, un sentimiento de finalidad. Aquí puede utilizar muchos de los mismos tipos de aparatos propuestos para aberturas. Puede volver a la misma anécdota, cita o comentario que usó al principio, y luego darle una vuelta. Otras estrategias son eliminar un obstáculo, mirar hacia el futuro o incluso simplemente reafirmar su recomendación o conclusión fundamental de manera rigurosa. Evite introducir nuevos carteles o lanzar un nuevo campo de debate.

Gary Godin and Allan Kennedy

Capítulo 10: Dieciséis cosas para evitar en Instagram

Cosas que no debe hacer con Instagram

En todas mis publicaciones sobre Instagram, dedico una gran cantidad de tiempo a describir exactamente lo que debe hacer para tener éxito. Cuando se trata de las prácticas, los accesos directos y los consejos más excelentes de Instagram, hay una gran cantidad de métodos para utilizar Instagram de manera eficiente. Sin embargo, es posible que esté haciendo una gran cantidad de cosas que pueden interferir con su éxito.

Aquí hay 12 cosas que no debe realizar en Instagram:

No use un nombre de usuario vergonzoso en Instagram
Lamentablemente, la función de investigación dentro de Instagram no es tan poderosa como la de otros sitios web. Si hace que su nombre de usuario (y tal vez su título "real") sea difícil de descubrir, la gente no podrá identificarlo ni acompañarlo. En su lugar, use el mismo nombre de usuario que su cuenta de Twitter o cree su título algo simple de comprender, mientras sea su nombre real o el nombre de su organización.

No coloque su perfil en personal
A menos que esté utilizando Instagram exclusivamente por motivos privados y no desee ser parte de la comunidad, no coloque su cuenta en modo privado. En su lugar, ponga su cuenta en modo público para asegurarse de que los nuevos seguidores puedan ver con precisión lo que publica y de qué se trata. Puede ganar seguidores mucho más rápido si pudieran darse cuenta de su contenido y tampoco necesitan esperar la aprobación.

No sea un merodeador
Instagram se trata de publicaciones para compartir e interactuar. A menos que sea nuevo en el escenario, no se esconda en las sombras.

En su lugar, publique con frecuencia y haga clic en Me gusta / comente en las publicaciones de otras personas tan a menudo como pueda. Sea atractivo y generará mejores relaciones con otros usuarios de Instagram.

No publicar sin subtítulos

No importa cuán asombrosa sea su imagen, requiere un título. Las publicaciones con subtítulos obtienen altos niveles de participación y le permiten interactuar con su público. Dígale a la gente exactamente qué es la fotografía, hable de un presupuesto, haga una consulta. Sea lo que sea, encuentre algo aplicable para incluir en sus publicaciones.

No ignore los comentarios de sus seguidores

Cuando la gente hoy aproveche la oportunidad para comentar sus publicaciones o hacer preguntas, ¡no los descarte! Asegúrese de revisar sus alarmas con regularidad para estar al tanto de los comentarios. Posteriormente, responda (con su @nombre de usuario para informarles) e invítelos a responder su consulta. Cuando se usan con frecuencia, los comentarios afectarán significativamente su relación con su audiencia.

No robe las publicaciones de otros clientes de Instagram

El hecho de que prefiera la fotografía de otra persona no indica que pueda colocarla usted mismo. Si desea utilizar contenido creado por el usuario (CGU) en su plan, haga que los usuarios le etiqueten o utilicen hashtags en sus publicaciones. Si vuelve a publicar, siempre, siempre, siempre proporcione la atribución adecuada. Hay algunas aplicaciones de terceros que le permitirán volver a publicar la publicación de un usuario individual para sus cuentas y, al mismo tiempo, proporcionar la atribución adecuada al usuario.

No utilice imágenes de búsquedas de Google

Instagram es un lugar para hablar sobre su contenido, no para discutir imágenes genéricas de resultados de búsqueda de Google. Si desea hablar sobre una cita motivacional, establezca la cita junto con algunas de sus imágenes.

No exagere con las selfies

Lo entiendo, a la mayoría de nosotros nos encanta una selfie fantástica. Pero una gran selfie es suficiente. A menos que sea Kim Kardashian, no, tal vez ni siquiera entonces, no necesita una selfie todos los días. ¡Y ciertamente no varias selfies al día! Quiere mostrar su atuendo, haga alarde de su atuendo. Quiere mostrar su ubicación de vacaciones, haga alarde de la escena. Si está utilizando Instagram para aumentar su organización, muchas selfies no lo ayudarán.

No comparta automáticamente cada publicación de Instagram en Facebook y Twitter

Aunque sugiero compartir una publicación ocasional para Facebook y Twitter, no desea discutir cada pieza en otras redes sociales. Si continuamente comparte cada publicación en otros sitios web, ¿por qué alguien lo acompañaría en Instagram? En su lugar, considere una fotografía e invite a sus seguidores a ver las imágenes restantes en Instagram.

No siga a todos los que le siguen

El hecho de que alguien le haya seguido no significa que tengas que seguirlo. Cuando descubra sus publicaciones intrigantes o basadas en todo lo que desea ver, ¡sígalas! La reciprocidad es excelente. Pero no se sienta obligado a rastrear a todos. En caso de que su feed de Instagram esté lleno de contenido e imágenes que realmente no le gusten, estará menos dispuesto a utilizarlo.

No siga a alguien simplemente para dejar de seguirlo después para desarrollar su base de fans.

Si solo está buscando desarrollar seguidores siguiendo a alguien y luego dejándolo de seguir, entonces es simplemente descortés. Esto no es exactamente de lo que se trata Instagram. Siga a las personas en las que está pensando y comience a desarrollar una relación con las personas. su base de fans crecerá orgánicamente desde ese punto.

No compre seguidores de Instagram

Me sorprende que todavía tengamos que mencionar esto, ¡pero no compre seguidores de Instagram! No le servirán de ninguna manera. En realidad, arruinarán sus probabilidades de lograr el objetivo de sus seguidores a largo plazo, además de que no darán me gusta ni comentarán sus publicaciones. Simplemente aproveche la oportunidad para conectarse con personas reales para cultivar sus propios seguidores de Instagram.

No publique fotos de mala calidad
Esto sin mencionar que cada una de sus fotografías debe ser digna de una foto de National Geographic. Es una cuestión de mirar en las tomas, criticar sus imágenes y crear un ojo para lo que es digno de Instagram.

No se mueva demasiado fuera de la marca
Si simplemente está usando Instagram para compartir imágenes con amigos y publicar cualquier cosa que disfrute. Sin embargo, para un atractivo más amplio, querrá un tema o diseño general, para que las personas entiendan qué anticipar.

No sea inconsistenteDemasiados consumidores de Instagram rocían pimienta a sus seguidores usando una gran cantidad de publicaciones al mismo tiempo, y luego no aparecen por un par de semanas.

Esto podría ser adecuado para usted. Sin embargo, enfurece muchísimo a sus seguidores. Una noche, muchas de sus fotografías están obstruyendo su feed. Al día siguiente, le vas. Cuando reapareces, se han olvidado de que eres, también deciden dejar de seguirte. No está de moda. (¡mira quién dejó de seguirte en Instagram!)

No ignore las analíticas
Si su cuenta de Instagram es una cuenta de empresa (debe conectar su cuenta a alguna página de Facebook con esta), tiene acceso a algunos análisis básicos pero valiosos.

Se le mostrará un desglose de los datos demográficos de sus seguidores (sexo, edad y lugar), como cuándo están activos. Incluso podrías observar las creencias y llegar a cada una de sus publicaciones, para determinar cuáles resonaron. Vigilar todo esto puede ayudarlo a seleccionar el tipo ideal de publicaciones para sus visitantes de manera consistente.

Capítulo 11: La importancia de volverse viral

Cómo hacerse viral en Instagram con estos diez consejos infalibles

¡Discutamos la mejor manera de hacerse viral en Instagram! Sí, entiendo que el algoritmo de Instagram puede ser una nuez difícil de romper, pero es por eso que ahora me gustaría ofrecerle mis diez ideas más excelentes para que esté más cerca de llegar a decenas de miles de personas en Instagram. ¡Intentemos esto!

¡El ciclo viral!

Trasladar lo viral a muchas variables, pero una de las más importantes se muestra en la "página de investigación" de Instagram. Por lo tanto, si visita la aplicación y luego hace clic en la pequeña "lupa", esa es la "página de investigación" de Instagram.

La página de investigación es esencialmente una descripción general de sus intereses, dependiendo de los me gusta que proporcionemos a las publicaciones, además de las publicaciones que disfrutan las personas que seguimos. En consecuencia, si le gustan los perros salchicha pequeños como usted o yo, seguimos a alguien que los posee, y luego le das me gusta regularmente a las publicaciones de cachorros, entonces hay una alta probabilidad de que haya algunas fotos de perros en su página de investigación.

Es esencialmente la comprensión de Instagram de lo que más le interesa. Y recuerde que el objetivo de Instagram sería ayudarlo a mantenerse cerca de la aplicación el mayor tiempo posible.

Ahora, la página de investigación llega a miles y miles de personas. Como puede imaginar, si se muestra en eso, su publicación encontrará un aumento masivo en la vulnerabilidad, dejando muchos comentarios y me gusta en sus artículos.

Como puede observar, cuantas más interacciones reciba de las personas, más aparecerá en la página de investigación de los seguidores de esas personas. Quién a cambio, como y comentar también, esa es la razón por la que llamo a este "ciclo de referencia". Más me gusta y comentarios resultan en más vulnerabilidad y dan lugar a muchos más me gusta y comentarios. ¿Frio?

Por lo tanto, profundicemos en la forma de volverse viral en Instagram con esos diez consejos infalibles, ¿verdad?

1. ¡Busque "publicaciones virales" y reprodúzcalas!
En primer lugar, tendremos que investigar un poco en qué les gusta disfrutar y participar a nuestros espectadores y a los usuarios de Instagram en general. Qué se está volviendo viral y cómo usamos esta información para replicar contenido similar que funcione para las personas.

A continuación, se muestran cuatro formas en las que puede buscar publicaciones virales:

A) alimentación de investigación
Diríjase a su exploración y avance a través de las publicaciones. ¿Qué crea estas publicaciones, especialmente atractivas? ¿Podría ser una gran visión, subtítulos humorísticos, videos, citas o incluso una linda foto de cachorro? ¿Es esto algo que también funcionaría en su mercado? Emule los diversos contenidos.

B) utilizar viralfindr.com
Viralfindr.com es una herramienta fantástica, la mejor forma de viralizar Instagram. Simplemente use el instrumento para a) localizar las publicaciones con mejor rendimiento que existen actualmente en Instagram b) descubrir inspiración oc) utilizar piezas para volver a publicar en su cuenta. Visite viralfindr.com

C) análisis de Instagram

Eche un vistazo a sus cuentas y publicaciones en sus análisis de Instagram. Puede utilizar los análisis de Instagram en caso de que cambie a una cuenta de empresa, o puede utilizar, como Tailwind, para detectar sus propias publicaciones virales. Tan pronto como entiendas qué piezas aman más a sus seguidores, continúe y publique más contenido similar.

D) explorar plataformas adicionales
Diríjase a Pinterest, Facebook, BuzzFeed, Huffington Post o Google para descubrir publicaciones que enloquecen a hombres y mujeres. Se trata de tener una idea de lo que la gente está pensando en este momento, y todos lo están discutiendo. ¡Nos referimos a descubrir tendencias aquí!

2. Aumentar la participación lo antes posible después de enviar (principio de 1 hora)

El tiempo es otra variable crítica en la mejor manera de viralizar Instagram. Tan pronto como comprenda exactamente lo que le gustaría publicar, tendremos que considerar cuándo publicar lo mejor.

Ahora el momento es vital, ya que desea que muchas personas participen en la primera hora en que su publicación se ha ido. La gente de hoy discute este "principio de 1 hora" aquí. La idea es que Instagram debe determinar si su artículo es bueno o malo. Por lo tanto, selecciona un tiempo específico después de la publicación y examina su logro. Nadie sabe con precisión si eso puede ser una hora o más. Sin embargo, no importa.

El punto es el momento posterior, y publicar su nuevo contenido es vital para aterrizar en la página de investigación. Cuanta más participación (me gusta y comentarios) reciba, más amplia se dispersará su publicación. Esto aumentará sus probabilidades de llegar al punto clave de emerger en la página de investigación y pasar al ciclo viral de "me gusta".

Consejos de gurú:

Utilice análisis de Instagram o servicios de terceros, incluidos Tailwind o incluso Iconosquare, para determinar si su público está en línea.
Empiece a dar me gusta y a comentar las publicaciones de otras personas de 10 a 15 minutos hasta que coloque su nuevo contenido.
Una vez que su publicación aún esté activa, continúe dándole me gusta a las fotos, videos, historias y comentarios de otras personas, y responda instantáneamente a los comentarios en sus nuevas publicaciones.
Cree una historia nueva que demuestre un adelanto de sus últimas publicaciones.

3. Grupos de interés y grupos dm

Si lo oíste. Participación y clases de dm o no, así es como a muchos especialistas de Instagram les gusta instruir sobre la forma de viralizar Instagram. Estoy en la valla alrededor de ellos. Sin embargo, depende en gran medida de cuál sea su objetivo para sus cuentas y fabricante. Veamos si ese plan es adecuado para usted.

¿Cuáles son exactamente los grupos dm de Instagram?
Los "grupos dm" de Instagram u ocasionalmente también conocidos como "pods de Instagram" son clases personales de Instagram a las que puede conectarse para intercambiar comentarios y me gusta con otros miembros de la banda. La idea es que alguien publica un nuevo artículo, deja un comentario en el equipo, tiene una pieza nueva y los miembros del equipo darán sus me gusta y comentarios en esta publicación para impulsar el compromiso.

Los "grupos dm" generalmente tienen de 10 a 15 miembros; Además, puede unirse a tantas clases como descubra en Instagram. Los niveles tendrán diferentes reglas que desea seguir. Este enfoque es en su mayoría sencillo. Si desea combinar un grupo dm, intente escribir, como ejemplo, #instapod desde la función de búsqueda de Instagram para ubicar un lugar con los distintos hashtags, luego envíe un mensaje directo al hombre que envió y pregúntele si tiene un grupo dm abierto que puede combinar.

¿Cuáles son los grupos de participación de Instagram?
Un "grupo de participación de Instagram" es esencialmente el hermano mayor de los grupos de dm. Están alojados en aplicaciones secundarias como Telegram (aplicación de chat como WhatsApp). En comparación con las clases de dm, hay innumerables decenas de miles de personas en una categoría, y estoy seguro de que puede ver la capacidad de las muchas personas que participan en este artículo en particular.

Otro beneficio para los grupos de dm es que las bandas de participación en Telegram son específicas de tiempo. Usted, junto con otros miembros del equipo, se compromete a un momento específico en el que estará en línea para participar en una publicación específica. Sabe que el tiempo es muy crítico para la forma de viralizar Instagram. Entonces, en comparación con las clases de dm, en las que no puede obligar a nadie a conectarse y dar me gusta a su publicación tan pronto como imprimes en un período determinado, en la categoría de participación, le dedicas a estar en línea en este momento en particular.

Razones para no utilizar este plan
Anteriormente, formé parte de algunos grupos de dm, pero me detuve ya que es un gran esfuerzo seguir y participar en esas publicaciones. Disfruto usando Instagram; sin embargo, nunca pude estar informado sobre los principios y publicaciones, ni estaba dispuesto a estar disponible en todo momento para dar me gusta y comentar todo el tiempo. Así es precisamente como le quedas agotado y abrumado, y no es para mí.Tres desventajas principales con las que estoy de acuerdo serían:

Se está comparando constantemente con las publicaciones de otras personas en lugar de centrarte en su singularidad.
Es todo menos cierto.
Reciba y siga los Me gusta de su competidor en lugar de su cliente perfecto.

Bien, ingresemos una pista más rápida:

4. Producir más publicaciones de "video"

Instagram está poniendo un enfoque más amplio en los videos (como Facebook, que posee Instagram). Con el debut de las historias de Instagram, Instagram en vivo además de eso que está en oposición directa a YouTube, puede determinar a dónde voy para esto.

Instagram necesita que produzcas contenido de video adicional y, en consecuencia, favorecerá el contenido de su video junto con sus publicaciones con imágenes, brindándote una oportunidad más significativa de volverte viral con publicaciones de películas.

5. Hashtag "páginas principales"

Similar a la "página de investigación" de Instagram, también hay "páginas principales de hashtag" (visite el ícono de búsqueda en su aplicación, cambie a etiquetas y escriba un hashtag). Cuando busca un hashtag en particular, aparecen las mejores publicaciones. Muy similar a la mayoría de los feeds de Instagram de hoy. Además, las páginas web de hashtag ahora están organizadas por funcionalidad en lugar de cronológicamente.

Aunque no recibirá demasiada exposición como si estuviera mirando en la página de investigación, esta es una excelente manera de aumentar la participación en publicaciones individuales. Se le permite usar alrededor de 30 hashtags por artículo, lo que le brinda la capacidad de lograr 30 "páginas principales de hashtag" que podrían aumentar su participación en la viralidad.

6. Emojis

¡Use constantemente emojis!

Solo el 24 por ciento de los perfiles con menos de 1,000 seguidores utiliza emojis, mientras que el 83 por ciento de las páginas y perfiles con más de 1 millón de seguidores enriquecen sus leyendas con íconos emoji. Si tiene en cuenta una tasa de interacción un 15 por ciento mayor con publicaciones como emojis, es evidente que los emojis ayudan a aumentar el vínculo y la relación con sus seguidores.

7. Historias

Instagram es la mejor manera de conectarse con su público objetivo. Esto implica más Me gusta y comentarios en sus publicaciones. Mi sugerencia preferida de todos los tiempos es aparecer todos los días y aparecer en persona. Sí, esto generalmente significa mostrar sus situaciones de la vida real, ser auténtico y accesible.

8. Concursos y sorteos

Los concursos y los sorteos pueden ser una de las formas más rápidas y sencillas de obtener más seguidores y generar más participación en sus publicaciones. Son divertidos y generan confianza en su marca.

Así es como haces un concurso
1. Asóciese con un Instagram nuevo o sígalo para lograr muchos seguidores y ofrecer un producto para esos sorteos;
2. Opte por un hashtag de moda para comprender con precisión quién es atractivo;
3. Elija el intervalo (inicio y finalización del sorteo);
4. Interactuar con todos los participantes para crear un gran revuelo;
5. Opte por el ganador y discútalo en sus cuentas de redes sociales.

9. Publicidad

Este es uno enorme, y un plan que muchos de los llamados profesionales de Instagram instruyen para su audiencia. Creo que hay una buena y una mala manera de hacer publicidad, los honestos y también los que se pagan.

En primer lugar, no hace falta decir que los gritos hacen maravillas para mejorar publicaciones específicas y su cuenta, especialmente si la persona mencionó que obtiene una multitud significativa. Si puede producir una relación legítima con algunas de esas grandes cuentas en el mercado, ¡lo llevarán alto! ¡Genial para usted, excelente para la autoridad de su cuenta además de viralidad!

Pero pagar por la publicidad es otra historia. Sí, esto es algo, pero escúcheme. Encontrará cuentas que le pedirán dinero en efectivo, pero ¿alguna vez ha considerado si sus seguidores serán el mercado objetivo? ¿Qué tipo de personas le acompañarán y qué es exactamente lo que busca para hacer esto de todos modos? Nos gustaría construir una nueva con compromiso real en lugar de cuentas sin sentido con innumerables personas a las que les importas un carajo.

Las personas que le acompañarán simplemente por el interés de hacerlo no dejarán los me gusta y comentarios vitales que necesitarás para que se vuelvan virales, así que, ¿vale la pena el tiempo? Dejo esto para usted.

10. CTA

Las llamadas a la acción o "llamada a la acción" son increíblemente importantes. Debería agregar CTA en cada publicación e historia que imprima. Es esencial informar a su audiencia con precisión lo que le gustaría que hicieran una vez que vean su leyenda de escuchar una historia. Suena muy sencillo y soy consciente de que es bastante poderoso, pero veo a muchos hombres y mujeres que no agregan CTA en sus publicaciones. ¡Quiere tener más viralidad para permitir que sus espectadores entiendan al tocar dos veces!

Capítulo 12: ¿Todavía los hashtags en 2021?

¿El uso de hashtags de Instagram puede significar mucho más compromiso?

Bueno, realmente tengo esta información y creo que es probable que necesite verla.

Es posible que tenga la tentación de dejar de leer en este momento. ¡Los hashtags aumentan la participación! ¿Cómo pueden no hacerlo?

Bueno, no tengas tanta confianza. Acabamos de imprimir un enorme archivo de participación en Instagram y los resultados serán ... impresionantes.

Entonces, ¿cuál es la oferta? Solo necesitará seguir leyendo para averiguarlo ...

La lógica frecuente
Cada elemento de la información de Instagram que ve le indica que utilice hashtags. Lo escribimos aquí y aquí.

Y los grandes especialistas dicen lo mismo:

> El uso de hashtags amplía enormemente el alcance de su artículo, le permite una participación adecuada e incluso desarrolla un poco a sus seguidores.
> En 2020, los hashtags de Instagram todavía se encuentran entre una de las herramientas más simples para llevar a las personas a sus publicaciones.
> Se ha demostrado que las publicaciones con hashtags se recuperan de un 12 por ciento más de interacción.

Todo tiene sentido. Los hashtags facilitan la localización de sus publicaciones. Y cuantas más personas descubran y vean sus hashtags, mayor será la probabilidad de que obtenga Me gusta y comentarios.

Nuestro informe de Instagram examina más de 114 millones de publicaciones de Instagram. Y descubrió una sorprendente revelación.

Las hipótesis
No creemos que sea tan sencillo como la "participación en la reducción de hashtags", los hashtags inteligentes y aplicables seguirá siendo útil.

¿Qué podría estar causando esta moda? A continuación, se enumeran algunas posibilidades.

1. Instagram penaliza los hashtags de spam
En comparación con otras plataformas de redes sociales como Twitter o incluso Snapchat, en las que prácticamente todo vale, Instagram funciona muy bien. Es un registro indiscutible de consejos de la comunidad que prohíben la desnudez y otro contenido ofensivo, también implementa publicaciones sensibles si algunos usuarios toman un problema.

Pero también, tiene una lista (realmente) larga de hashtags prohibidos, tanto temporales como permanentes, ¡más de 60,000!

Y no todos son evidentes. Claro, algunos son escandalosos, mientras que otros se ven bastante inofensivos en su cara.

Un par de ejemplos de hashtags que han estado prohibidos (al menos durante algún tiempo):
#atractivo
#solo
#adultos
#Asia

Estos han sido prohibidos brevemente en un momento u otro. ¡Y estos son solo los que comienzan con "a!"

Si los agrega en sus publicaciones, no se verá en los feeds de otras personas. Y es probable que tenga dificultades para conseguir compromisos en un lugar que otras personas no pueden ver.

2. Las personas famosas no desean hashtags
Hay muchos títulos considerables en nuestro análisis y, de hecho, sus publicaciones reciben muchos compromisos.

Probablemente sea seguro suponer que usualmente utilizan menos hashtags también porque no buscan puntos de vista o compromisos como el resto de las personas.

3. Si no tiene "coincidencia", es probable que use muchos hashtags
Este es el otro lado de esta hipótesis anterior. Los usuarios adictos a los hashtags son probablemente los que tienen pocos seguidores. Buscan agregar participación y seguidores rápidamente, y también los hashtags son una forma sencilla de hacerlo.

Es probable que todos estos usuarios también publiquen contenido cansado o simplemente horrible en Instagram. Dado que soy el propietario de un informe de Instagram agitado, no juzgo.

4. Todos usamos los mismos hashtags
¡No necesito ir tan lejos como para afirmar que los hashtags están muertos! No obstante, deja una gran sensación de que los hashtags más conocidos de Instagram no ayudan a las personas a localizar su publicación.

Por ejemplo, el hashtag más popular de Instagram es "#love". Según nuestro análisis, parece haber sido más de 1.700 millones de ocasiones, aproximadamente el 3,8 por ciento de todas las publicaciones. Cada día se cargan más de 80 millones de fotografías.

¡Entonces, usando estas cantidades, #love está conectado a más de 3 millones de publicaciones diarias! Si está empleando este hashtag, obtiene una oportunidad de uno en tres millones y su publicación probablemente estará en la cima de esta lista. Buena fortuna.

No abuse ni abuse de los hashtags
Los hashtags son esenciales en Instagram y también deben utilizarse en cada publicación para impulsar los logros. Pero usar más de 7-10 hashtags es una exageración. Elija 5-7 hashtags relacionados para tener en su título. No uses hashtags populares como #tagforlikes o #onedirection o incluso #love cuando no tengan nada que ver con este artículo en particular. Emplear hashtags inapropiados para aparecer en búsquedas calientes no le ayudará a conseguir nuevos seguidores, terminarás alienando a los seguidores potenciales. Aquí hay más información sobre dónde configurar sus hashtags de Instagram.

Las conclusiones

A pesar de todas esas explicaciones probables que simplemente proporcioné, una cosa es innegable: solo usar hashtags no aumenta la participación. Si desea tener más me gusta y comentarios, debe pensar más creativamente.

1. Utilice mejores hashtags
Nuestra información muestra que los hashtags por sí solos no son algo. Junto con su amigo que usa esas 30 etiquetas iguales para cada publicación, no están en un enfoque ganador.

Nuestros amigos hicieron su estudio particular en silencio últimamente y descubrieron que es mejor que planees tres hashtags relevantes para su artículo.

Sin embargo, no necesariamente demuestra que no sean útiles más hashtags. Lo más probable es que tengas que descubrir los hashtags adecuados para su audiencia y contenido.

Y eso solo se ha vuelto mucho más significativo. En 2018, Instagram facilitó a los consumidores rastrear los hashtags que disfrutan. Lo que significa que sus publicaciones podrían llegar a los feeds de los consumidores que no lo siguen. ¡Eso es dorado!

Sin embargo, solo un loco acompañaría a #love o entre las otras etiquetas enormemente populares. Eso haría que su alimentación sea completamente inutilizable.En cambio, los usuarios buscarán hashtags de mercado que les hablen directamente. Si es posible determinar estas etiquetas y usarlas con sensatez, sus publicaciones serán mucho menos difíciles de localizar y la participación seguramente aumentará.

2. Evite las etiquetas prohibidas
Esto debería ser evidente. Los hashtags prohibidos no solo hacen que sus publicaciones sean imposibles de descubrir, sino que Instagram también estaba emitiendo "shadowbans" a las personas que los vencen. [shadowban = su cuenta será difícil de encontrar para todos los demás, sin embargo, no lo entiende!]

Aparentemente, el shadowban ya no es un problema, pero si busca #master o incluso #swole, no encontrará ningún resultado.

3. Cambie sus hashtags
Otra vía rápida para convertirse en un shadowban sería copiar / pegar exactamente la misma colección de hashtags en cada artículo. ¿Ese amigo con las 30 etiquetas? Ese es un plan de juego que probablemente no funcionará a largo plazo.Incluso los jefes supremos de Instagram son demasiado inteligentes para eso, lo siento.

Un movimiento mucho mejor es usar etiquetas que se relacionen con sus publicaciones. ¡Imagina eso! Es exactamente para lo que fueron creados en la primera ubicación.

Un medio seguro para hacer esto es examinar nuevas marcas dentro de su especialidad. ¿Emularías lo que funciona para estos?

Comience a buscar otras empresas que obtengan excelentes resultados y vea qué hashtags están funcionando en ellas. Siempre que estén relacionados con sus publicaciones, debería comenzar a notar una mejora.

Capítulo 13: Cómo crecer usando influencers y páginas

La guía suprema del marketing de influencers en Instagram

Si alguna vez ha contemplado utilizar la publicidad de influencers de Instagram para su organización, ¡ahora es el momento de comenzar!

Agregar el marketing de influencers de Instagram a su plan general para Instagram puede ayudarlo a aumentar su conocimiento del mercado, desarrollar su base de audiencia y generar ventas significativas.

¿Está listo para comenzar a usar la publicidad de influencers de Instagram para su empresa comercial?

En nuestra guía definitiva sobre Instagram, el marketing de influencers cubre todo, desde cómo descubrir los influencers ideales para su empresa, hasta mostrar correctamente las publicaciones patrocinadas y decidir si sus enfoques publicitarios de influencers de Instagram realmente funcionan para usted.

Influencer marketing: qué es y lo que su empresa necesita

Si ha pasado un par de minutos en Instagram, existe una gran posibilidad de que haya encontrado una publicación informativa de influencia. Después de un área pequeña con solo un par de jugadores talentosos, la publicidad de influencers está en camino de convertirse en un negocio de 8 mil millones de dólares en 2020.

Y si se trata de publicidad de influencers, Instagram es sin duda la mejor plataforma de actuación para que los fabricantes lleguen a nuevas audiencias de forma inmediata.

Además, es el mejor canal para actividades sociales. Con una tasa de participación típica del 3,21% en comparación con el 1,5% en general en otras redes sociales, los consumidores de Instagram están algo más inclinados a comentar, por ejemplo, y discutir la información que tienen.

¿Por qué la publicidad de influencers es tan poderosa? Bueno, una parte de esto tiene que ver con la confianza.

El marketing de influencers de Instagram elimine los desafíos de la publicidad convencional porque los clientes se introducen en una marca desde una fuente confiable (el influencer) dentro de un escenario real e informal (Instagram).

Cuando un influencer aboga por un servicio o producto en sus estaciones, puede parecer una recomendación confiable de un amigo. Eso es enormemente valioso para los fabricantes; además, les brinda acceso inmediato a los mercados objetivo por solo una parte de lo que pagarían por un anuncio convencional.

Al asociarse con influencers relevantes que tienen una voz atractiva y real, su empresa se enfrenta a personas interesadas en su especialidad; por lo tanto, ¡es más sencillo ganarse un sentimiento genuino y duradero!

La autenticidad es fundamental. Tan pronto como un influencer persiste en un mercado, por ejemplo, maquillaje libre de crueldad o suplementos nutricionales de ejercicio vegetariano, sus seguidores pueden mantener ese influencer como una autoridad en ese tema y se expandirán para esperar y ser dirigidos por sus recomendaciones.

¿Cuánto puede costar el marketing de influencers de Instagram?

Es una de las preocupaciones más importantes del negocio, y se reduce a lo que necesita asociarse y también a las dimensiones de esta empresa.

En los primeros tiempos de la publicidad de influencers, cada vez más celebridades sociales elegirían nuevas empresas a cambio del artículo gratuito.

Sin embargo, para muchos, esos días se han ido. Cuando hay muchos microinfluencers que todavía se inclinan a intercambiar productos gratuitos por espacio publicitario en su perfil, ahora los influencers más grandes de Instagram están cobrando una cantidad significativa de dinero por hacer publicaciones para las marcas porque su cuenta se está convirtiendo en su principal fuente de ingresos.

En realidad, ¡algunos influencers informan cobrar hasta $ 500,000 a $ 1,000,000 por publicación patrocinada!

No hay duda de que los influencers de las redes sociales se han convertido en un activo crucial para las nuevas campañas, particularmente en Instagram.

Sin embargo, ¿cómo puede pensar en un costo razonable cuando hay muchos componentes en los que pensar, como la escala y el alcance de la empresa o la cantidad de publicaciones patrocinadas e historias que necesita?Los microinfluencers, por el contrario, a menudo facturan más cerca de $ 300 por publicación de Instagram, y los nanoinfluencers facturan menos.

Y aunque el dinero es la forma de reembolso más deseable, las campañas en especie pueden ser un intercambio significativo.

Una guía sencilla sobre el marketing de influencers de Instagram en 2021

Esto es todo lo que tiene que comprender más sobre la condición actual de la publicidad de influencers en Instagram, cuánto esfuerzo se debe poner en precio y la forma de comenzar a realizar una. La aplicación ofrece el espacio ideal para la nueva embajadora, con usuarios influyentes que recomiendan productos y soluciones a su audiencia fiel. Junto con el área de influenciadores que se anticipa que crecerá en un negocio de $ 10-15 mil millones para 2021, es un impulso de marketing que no va a ninguna parte ...

¡Hemos reunido todo lo que tiene que entender sobre la publicidad de influencers de Instagram y cómo funciona en esta sencilla guía!

1. El marketing de influencers de Instagram en pocas palabras

Las personas que han acumulado una gran cantidad de seguidores en Instagram se denominan "influencers", por el simple hecho de que sus seguidores los idolatran para ver sus vidas. Es posible que hayan obtenido seguidores leales debido a su forma de vida, su ocupación o pasatiempo, la ropa que usan o las historias que cuentan.

El grupo de influencers es amplio y variado, lo que significa que casi cualquier marca puede usar la publicidad de influencers de Instagram para su negocio y mercado objetivo.

El desarrollo de influencers de Instagram abrió enormes oportunidades para las empresas que buscaban comercializar sus productos en su mercado objetivo, y así se creó el fenómeno de las publicaciones pagas.

En los primeros días, puede haber sido suficiente conseguir un nuevo para enviar un influencer entre los productos como regalo a cambio de que lo publiquen en su perfil. Pero eso cambió con el aumento acelerado de la distancia, ya que los influencers se dieron cuenta de que no podían simplemente obtener productos gratuitos, sino cobrar a los fabricantes por la propiedad de la red en su perfil.

2. Por qué funciona la publicidad de influencers en Instagram

El marketing de influencers hace posible que las marcas logren su mercado objetivo de una manera que se siente mucho más real que la publicidad convencional.

En cambio, las empresas que venden directamente a los clientes están creando relaciones con personas influyentes que podrían comercializar las suyas. Los influencers de Instagram poseen una relación poderosa y leal con sus seguidores, incluso desde que discuten muchas facetas de sus propias vidas juntos. Eso nos lleva a creer como los conocemos, así que tan pronto como un influencer, disfrutamos pagando por algo que escuchamos que queremos si hubiera sido un amigo sugiriéndolo.

Por ejemplo, si sigue a un influencer viajero debido a sus fotografías asombrosas o leyendas divertidas, además de que publica sobre una almohada de avión, lo que les dio la mejor noche de sueño para un vuelo de larga distancia. Es más propenso a tratar de recordar el que escuchaste del influencer que sigue y comprarlo para otras vacaciones, ya que lo disfruta y lo espera. Tiene sentido, ¿verdad?

Con 800 millones de consumidores activos, Instagram ha sido el sistema elegido para la publicidad de influencers. El setenta y dos por ciento de los consumidores dijeron que dejaron las compras relacionadas con el estilo, la belleza o el estilo después de ver algo en esta aplicación, lo que demuestra su poder en el panorama de la publicidad y el marketing electrónicos de 2021.

3. ¿Qué hace a un influencer de Instagram?
No existen criterios rigurosos para ser clasificado como influencer de Instagram. Cualquier persona con una participación razonablemente alta de individuos que se preocupan por todo lo que hacen probablemente tendrá un impacto en sus espectadores y puede ser una valiosa propuesta de marketing y publicidad para los fabricantes.

Si usted es un supervisor de redes sociales que busca comenzar con la publicidad de influencers en Instagram, investigue para asegurarse de:
El grupo demográfico de su audiencia se adapta muy bien a los espectadores objetivo;
Su participación y seguimiento son reales.

Debido a la presencia de robots que dan me gusta y comentarios sobre el comportamiento de los consumidores, además de la capacidad de comprar seguidores, algunas cuentas de Instagram pueden parecer, como influencers, pero no tienen seguidores fieles o alguna otra influencia real en absoluto. En esencia, todos los llamamos 'seguidores fantasmas'.

Comentarios comunes como '¡tiro maravilloso!' es muy probable que provengan de balances que emplean un bot de participación, por lo tanto, si esos son los únicos tipos de interacciones con las publicaciones de un influencer, es la razón por la que no tienen el efecto que están haciendo.

Nota: esos robots probablemente comentarán las publicaciones de los consumidores en un mercado objetivo elegido o utilizarán hashtags específicos para aumentar el conocimiento de la marca y ganar más seguidores. Es lógico. Sin embargo, han llegado a ser bastante fáciles de identificar y no inician discusiones reales.

Otro indicio importante de un influencer fantástico es que son responsables de sus opciones de asociación, realmente teniendo en cuenta los intereses de sus seguidores y asegurándose de que solo patrocinen publicaciones con marcas con las que creen que su audiencia será propensa a participar.

Reunir un after comprometido es un trabajo difícil y, además, un influencer importante no querrá publicar lo que parezca extraño para sus espectadores o su feed. Si está elaborando una estrategia para la publicidad de un influencer, es fundamental asegurarse de que la imagen de su marca coincida con el influencer al que está buscando llegar.

4. La forma de utilizar influencers en Instagram
Si decide que la publicidad de influencers en Instagram es la medida ideal para su empresa, lo primero que debe hacer es establecer su plan financiero. Es un juego costoso, y también con influencers que cobran por artículo, e incluso por historias, una campaña completa puede hacer que retrocedas mucho.

Con un presupuesto mayor, buscarás microinfluencers para dar a conocer su marca. Todos estos son influencers con una cantidad comparativamente menor de seguidores (10,000 - 100,000), pero que tienen una mayor tasa de participación en sus publicaciones.

Es una alternativa mucho más rentable para las empresas más pequeñas, y también los microinfluencers pueden tener mucha influencia en una audiencia en particular. Con un presupuesto mayor, puede considerar personas influyentes más importantes, pero se esfuerza por no dejarse engañar por las métricas de tocador como algunos seguidores y también concentrarse predominantemente en la tasa de participación.

Tan pronto como haya descubierto personas que cree que pueden ser perfectas, haga su tarea, como mencionamos anteriormente. Asegúrese de que tengan seguidores reales y un vecindario leal y confiable. Vea si han trabajado anteriormente en campañas de influencers y examine los tipos de productos o marcas que comercializan; esto puede ayudar a notificar si serían una combinación fantástica para su negocio.

Además de esto, lea los comentarios para ver en caso de que su mercado objetivo esté participando con su contenido. Y por último, observe en qué tipo de publicaciones se destacan (es decir, historias, videos, fotos) para ayudar a notificar su esfuerzo.

¡Entonces contáctelos! Es probable que los microinfluencers se manejen solos, por lo tanto, contáctelos a través del correo electrónico en su perfil o envíeles un mensaje rápido dentro de Instagram. Si está echando un vistazo a un influencer más importante, lo más probable es que tenga una agencia que maneje su esfuerzo, que generalmente se registra en su biografía.

Cuando venga a las agencias, solicite la tarjeta de velocidad del influencer y aclare su marca y también el esfuerzo corto que tiene en mente. Entre en todos los detalles que pueda (es decir, la financiación, el número de publicaciones, el tipo de contenido) para manejar mejor las expectativas de su cooperación.

De manera significativa, trate sus relaciones operativas con los influencers de Instagram como empresas. ¡Tenga en cuenta que entienden exactamente con lo que participan sus seguidores y que confían en ellos en el proceso de producción de contenido!

5. El potencial del marketing de influencers de Instagram

La publicidad de influencers ha sido objeto de críticas durante las últimas décadas. Los consumidores se han sentido estafados como consecuencia de no darse cuenta. A alguien a quien siguen se le ha pagado por defender bienes específicos.

Esto ha resultado en un impulso masivo de transparencia entre los influencers. Hashtags como #ad y #spon son muy habituales en los subtítulos de las publicaciones pagas, para diferenciar los precios de patrocinio de las recomendaciones "reales". Instagram también estableció su etiqueta oficial de 'empresa pagada', que se encuentra sobre un lugar para notificar a los clientes que un nuevo está cooperando con este influencer específico.

Si bien algunos niveles parten de la validez que creó la publicidad de influencers en Instagram tan poderosos, los influencers también sienten una devoción por permitir que sus seguidores comprendan que han ganado dinero en efectivo con una publicación.

En uno de los eventos del año pasado, el poder del marketing de influencers, el panelista Harry Hugo, cofundador de su agencia Goat, comentó sobre el carácter problemático de esas regulaciones de CMA, debido al simple hecho de que no es universal junto con otros canales de publicidad o promociones inmobiliarias.

Incluso dio el ejemplo de Neymar caminando hacia el campo de fútbol con botas Nike como consecuencia del acuerdo de patrocinio en dólares del mismo nombre. No aparece una nota en nuestras pantallas de televisión para informarnos que nos están promocionando los zapatos, y la propuesta de estos parecería absurda.

Por lo tanto, es una regla para las técnicas convencionales de publicidad y otra más para la publicidad de influencers en Instagram, y será intrigante descubrir cómo cambian las regulaciones a medida que aumenta la distancia.

En Hopper HQ, usan innumerables personas influyentes en todo el mundo y los invitan constantemente a simplemente aceptar asociaciones con productos y marcas que realmente les gustan y que podrían usarlos. El marketing falso finalmente se vuelve evidente, lo que significa que la influencia del individuo se ha reducido.

El simple hecho de que hagamos clic en 'saltar publicidad' en YouTube en el momento en que esté disponible, y también paguemos por la libertad de ser comercializados con proveedores como Spotify premium destaca eso.

Guía para convertirse en un influencer en 5 pasos

1. Haga crecer sus seguidores

Para comenzar a ganar oportunidades de cooperación con las marcas, deberá nutrir una audiencia. sus estaciones sociales deben demostrar algo que le apasione mediante el uso de contenido innovador, atractivo y único. Con mucho tiempo, trabajo duro y perseverancia, los seguidores deben llegar de forma natural. No hay atajos; sin embargo, hay algunas cosas que puede hacer para acelerar el desarrollo de sus seguidores. Aumente la lealtad y la participación posteriormente interactuando a sabiendas con sus espectadores actuales y contribuyendo a la comunidad de Instagram más significativa. Esto generalmente significa responder con comentarios reales, socializar e interactuar con la comunidad de Instagram en general con observaciones significativas. Sea coherente con sus ocasiones de envío de correos, el tipo de material que publica junto con su tono de voz. Ofrezca a sus seguidores la oportunidad de familiarizarse con usted junto con todas las publicaciones de escenas (BTS) en sus historias de Instagram) muchas personas influyentes han pasado rápidamente a la fama desde que se convirtieron en un usuario propuesto en Instagram. Esto implica que Instagram le sigue, y también durante catorce días, le conviertes en una sabia consideración para monitorear a los nuevos usuarios de Instagram.

Haga lo que haga, no le esfuerces por engañar a la máquina. Si compra seguidores o utiliza bots, puede creer que está tomando la calle fácil. Obtener una estrategia falsa hasta que lo haga puede parecer un corte breve, pero no es brillante. Seguramente no es el secreto del logro. Actualmente, las marcas utilizan la tecnología para detectar influencers con seguidores de imitación. Plataformas de publicidad de influencers, como influencers pre-veteranos para asegurarse de que sus seguidores sean reales.

2. Fomente la participación de los seguidores

Su tasa de participación se puede calcular con esta sencilla fórmula: (la variedad de comentarios y me gusta / número de seguidores) x100 si tiene 500 me gusta. Y si 50 impresiones y 5000 seguidores aquí es la forma en que se calcula su velocidad de participación: (550/5000) x100 = 11% de velocidad de participación, el índice de referencia de Instagram para la tasa de participación es solo del 3%. Este es un excelente mínimo para apuntar constantemente. Una forma de sugerir que alguien tiene seguidores de imitación es si se reduce su tasa de participación. Si usted es aceptado en la plataforma de vampiros a través de la aplicación, se muestra su tasa de participación habitual para que la veas. Puede aumentar la participación de sus seguidores construyendo una comunidad. Consulte las consultas de sus seguidores sobre la réplica de su título, utilice las historias de Instagram para que sus seguidores participen en una base única, enviar DMS a seguidores nuevos y antiguos. Es posible monitorear sus análisis de participación en caso de que tenga una cuenta de empresa de Instagram. Analice con qué material están participando sus visitantes la mayoría y utilice esta información para aplicar su calendario de publicaciones.

3. Desarrolle una marca personal

Para ser un influencer poderoso, debe idear su marca. Su marca se trata y puede permitirle destacar entre la audiencia. La mayoría de las veces, las personas prefieren comprender lo que pueden esperar de usted junto con una marca personal poderosa que puede hacer que se sienta más inclinado a mantener la dedicación de sus seguidores.

Asuntos para recordar:

1. Encuentra un nicho y quédate con él. En lugar de tratar de funcionar como estilo, arte, gourmet y viajar en un paquete excelente, produce un mensaje constante. Lo mismo se aplica a la

moda de la fotografía. Algunas cuentas convincentes mantienen un componente consistente y la experimentación con varios factores en su visión para ver cómo reacciona su público.

2. Asegúrese de que los aspectos destacados de Instagram incluyan el tipo de publicaciones que publica junto con los videos que la gente puede esperar ver.

3. Agregar la biografía para mostrar mejor su tono de voz y publicaciones. Los mejores nueve elementos de su feed que se muestran en su perfil siempre deben demostrar el contenido ideal.

4. No tenga miedo de archivar o eliminar publicaciones cuando aparezca la estética fresca de su feed (siempre que una marca no haya compensado que ese fragmento de contenido se siente en su feed de forma natural).

5. Tenga una estética constante en su feed y en todos los canales sociales.

6. Incluya productos relacionados con una narrativa de Instagram que realmente le gusten.

7. ¿Cuál es su tono de voz de influencer? ¿Cómo puede hablar de manera atractiva con sus seguidores?

8. ¿Con qué frecuencia publicas? Las cuentas exitosas publican con frecuencia sin enviar spam a su público. La frecuencia con la que necesita publicar en Instagram depende completamente de su grupo, pero dos o una vez al día en el tiempo de publicación de la cumbre suele ser el lugar ideal.

4. Sea auténtico

Para ser un influencer real, debe ser real, generar respeto y confiar en sus seguidores además de en las marcas que utilizas. Sea sincero en sus publicaciones y también invite a sus visitantes a reaccionar haciendo consultas sobre sus artículos. Hay muchas variaciones del yo auténtico que discutimos con el mundo entero. Nuestro trabajo podría, por ejemplo, diferir del modelo de nosotros mismos que revisamos con nuestros amigos o incluso con nuestros abuelos. Cada uno es preciso en otros medios para usted y la forma en que interactúa con el mundo entero. Del mismo modo, sus perfiles de redes sociales deben ser auténticos para usted. La forma en que hable sobre un artículo no debe considerarse difícil de vender. De esto no se trata precisamente la promoción de influencers. El posicionamiento del producto establecido en el estilo de vida superará constantemente la aceptación del producto.

A las personas les gustan las personas influyentes, ya que se las considera más confiables que las marcas que intentan venderles cosas o estrellas de renombre. Entonces es simple. Simplemente recomiende productos a sus seguidores si realmente disfruta de esa solución o de un fabricante nuevo. Puede ser tentador decir que sí a todas las oportunidades que se le presenten inicialmente para comenzar. Una forma más sostenible y auténtica a largo plazo sería decir que no más de lo que se dice sí a las oportunidades. No permita que su feed de Instagram se llene por completo de nuevas promociones. Asegúrese de incluir contenido orgánico en el medio. De esta manera, a sus seguidores no les debería importar si le pagan para comercializar uno nuevo porque esperan que a usted también le guste. La autenticidad genera confianza, que es solo uno de los productos más caros dentro de un influencer.

5. Gana trabajo con marcas

Es posible que las marcas quieran utilizarlo si marca las casillas de lo que anticipan en sus asociaciones de influencers. Esto puede diferir de una marca a otra, por lo que se basa en sus objetivos. Los principales puntos que buscan muchos fabricantes serían:

Contenido excelente: pase tiempo con una cámara fantástica y aprenda a utilizarla realizando una aplicación, leyendo sitios web y viendo tutoriales de YouTube. Encontrará muchos recursos gratuitos en línea, como el sitio web de vamp. Aquí hay un extracto de nuestra guía para comprar una cámara nueva.

Antes de tomar una decisión sobre una cámara, es ideal comprender cómo la va a utilizar. ¿Vas a tomar fotos a paisajes? ¿Selfies de diseño urbano? ¿Fotos a la comida? Si sabe que quiere tomar un camino específico, obtenga una cámara que produzca todo lo que hace de manera más sencilla. Si está tomando selfies, lo más probable es que lo único que desee sea una fantástica cámara móvil. Si toma paisajes en los que necesita un control total sobre su configuración, entonces una DSLR es lógica. Las velocidades de obturación rápidas son cruciales si planea fotografiar deportes o acción, y las cámaras que manejan bien situaciones de poca luz serán útiles en ocasiones de grabación. Sepa cómo piensa utilizar su cámara, para que sea posible priorizar las cualidades que más desea.

Los consumidores están cada vez más informados cuando se trata de anuncios, y no es diferente de toda la publicidad de influencers de Instagram. A medida que el negocio se enfoca cada vez más, los fabricantes y personas influyentes deben considerar más allá de la caja para ayudar a seguir generando campañas de marketing y publicidad excepcionalmente atractivas, ¡y todos estamos ansiosos por verlas!

Capítulo 14: Dominio de los anuncios de Instagram

¿Cuáles son los anuncios de Instagram?

Instagram comenzó a ofrecer servicios de publicidad limitados en 2013 después de ser comprado por Facebook.

Sin embargo, no fue hasta 2015 que comenzaron las compuertas y habilitaron anuncios para fabricantes y empresas de todos los tamaños y formas. Estas marcas utilizaron Instagram para ser una gran ayuda para el negocio.

Y dado que Instagram está incorporado con el supervisor de anuncios de Facebook, los fabricantes pueden aprovechar la enorme abundancia de información del consumidor de Facebook para comercializar directamente con su mercado objetivo.

Si eso no es suficiente para convencer a uno de que los anuncios de Instagram son excelentes, aquí hay un par de números:

El 75% de las personas que usan Instagram como usuarios interactúan con los anuncios de Instagram (comprando un producto o visitando un sitio)

El treinta y cinco por ciento de los adultos estadounidenses están en Instagram.

¿Cuánto puede costar la publicidad en Instagram?

Aunque el gasto de su anuncio de Instagram en particular probablemente sea único para usted (después de todo, aunque tal vez no todos los anuncios sean iguales), el costo por clic normal para los anuncios de Instagram es de aproximadamente $ 0,70 - $

0,80. Esta cifra proviene de la investigación de más de $ 300 millones en gastos publicitarios.

Tenga en cuenta que este es simplemente el costo por clic típico. Su anuncio de Instagram puede terminar costando más o menos en función de muchos factores. Por ejemplo, compruebe hasta qué punto fluctúan los precios según las edades a las que opte por apuntar.

Tipos de anuncios de Instagram

Instagram ofrece cinco formatos de publicidad:
Anuncios de historias;
Anuncios fotográficos;
Anuncios de video;
Anuncios de carrusel;
Anuncios grupales.

Todos estos formatos de anuncios se han integrado directamente en los feeds y las historias de los clientes que ofrecen una experiencia de consumo no disruptiva.
Instagram también ofrece distintos tipos de llamadas a la acción, que podrán permitirle recopilar clientes potenciales adicionales. Los vamos a incorporar en la descripción de todos los formatos publicitarios.

Analicemos cada uno de los tipos de publicidad y veamos cómo funcionan.

Anuncios de historias
Botones de llamada a la acción:
Aplica hoy
Reserva hoy
Contáctenos
Llamar hoy (solo video)
Descargar

Los anuncios de historias de Instagram son anuncios de pantalla completa que aparecen entre las historias de los clientes.

¡Junto con los 500 millones de usuarios de Instagram que ven historias a diario, puede lograr una audiencia masiva con su anuncio!

Con los anuncios de historias, puede dirigirse a su audiencia y elegir la frecuencia con la que ven su anuncio. Dado que las historias mueren después de 24 horas, son el formato perfecto para discutir ofertas y promociones por tiempo limitado.

Las marcas pueden beneficiarse de las características de las historias de Instagram, incluidos filtros faciales, efectos de video y texto para realizar promociones divertidas e innovadoras.

Esto le permite crear anuncios de historias de Instagram que se sienten y se ven como sus publicaciones típicas, lo que hace una experiencia más fluida para los usuarios. La llamada a la acción elige el tipo de función de deslizamiento hacia arriba que determina las audiencias directamente a su sitio desde el anuncio de las historias.

Anuncios fotográficos
Interruptores de llamada a la acción;
Aplique hoy
Reserve hoy
Llame hoy
Cómo Conseguirnos
Obtenga instrucciones
Descubrir más
Obtener horarios
Descargar

Los anuncios fotográficos hacen posible que los fabricantes muestren productos y servicios a través de imágenes atractivas.

Si ya está creando contenido visual de primera clase, los anuncios de fotos de Instagram le brindan el escenario para discutirlo con muchas más personas.

Utilizaron anuncios con imágenes con excelente éxito una vez que promovieron una prueba de 60 noches en la ropa de cama utilizando un botón de llamada a la acción "comprar ahora".

Las publicaciones de Instagram de Parachute también poseen una apariencia y textura diferentes, mostrando con frecuencia su mercancía en áreas de dormitorio reales y hermosas, y sus anuncios fotográficos fueron constantes con este estilo particular.

Los anuncios estaban dirigidos a personas de entre 18 y 54 años, con perfiles de espectadores de acuerdo con los perfiles de sus clientes principales.

Anuncios de video
Botones de llamada a la acción:
Aplique hoy
Reserve hoy
Llame hoy
Contáctenos
Descargar
A los usuarios de Instagram les encantan los videos.

En realidad, el tiempo dedicado a ver videos en Instagram fue más del 80 por ciento en 2017.

E Instagram se ha dado cuenta. Es por eso que han simplificado más que nunca que los anunciantes aprovechen los videos para sus marcas.

Un buen ejemplo de una campaña publicitaria de video eficaz se encuentra en Lionsgate Reino Unido debido a su película "la-la land".

Para comercializar con éxito entre las mejores películas del año calendario, el equipo de Lionsgate UK comprendió que necesitaban dirigirse a un público más joven (de 18 a 24 años). Pero la gente más joven, en su mayor parte, no está familiarizada con los grandes musicales de Hollywood.

Afortunadamente, el grupo entendió que los usuarios de Instagram se habían sentido atraídos por temas como el amor, los viajes y el estilo. Utilizaron estos temas para hacer diez videos breves y llamativos. Luego se dirigieron a su audiencia precisa.

Los resultados fueron asombrosos:
Crecimiento de 24 puntos en el recuerdo de la publicidad;
Aumento de 8 etapas en el reconocimiento de marca;
Crecimiento de 4 puntos en la meta de proyección de películas;
Crecimiento de 12 puntos en la intención de proyección de películas entre las mujeres.

Preste atención a la investigación de instancias sobre la campaña publicitaria efectiva aquí durante más tiempo.

Anuncios de carrusel
Botones de llamada a la acción:
Aplique hoy
Reserve hoy
Contáctenos
Llame hoy
Descargar

Los anuncios en carrusel permiten a los usuarios deslizarse por una serie de imágenes o videos (como un carrusel) usando un botón de llamada a la acción para vincularlos directamente a su sitio automáticamente.

Pueden hacer estas cosas:
Resalte varios bienes;
Discuta una historia de varias partes;
Sumérjase en un servicio de hasta 10 imágenes o videos.
El formato de carrusel le permitió mostrar breves cadenas de ejercicios que muestran la forma en que los usuarios pueden perforar en cualquier lugar (y en todas partes) usando la aplicación.
El esfuerzo estaba dirigido a niñas de 18 a 42 años, llegando a 6,4 millones de personas y contribuyendo a un increíble aumento de 21 puntos en el reconocimiento de la marca.

Los anuncios de carrusel eran ideales para una novedad que deseaba mostrar la flexibilidad de su material, y son una combinación excelente para diferentes marcas con variados recursos creativos, como negocios de comida y estilo.

Lanzado a principios de 2018, los anuncios de colección de Instagram son una adición comparativamente nueva.

La forma en que operan es sencilla: cuando los usuarios ven un anuncio de su marca, tendrán la opción de comprar productos directamente desde el anuncio.

Combinan el poder de fotografías, videos e incluso publicidad de respuesta directa, todo en una poderosa publicidad.

Una marca que utilizó los anuncios de la colección de Instagram con gran éxito fue Zattini, una tienda de comercio electrónico de ropa.

Utilizando grupos, exhibieron sus productos y descuentos con la intención de aumentar las ventas. El resultado ha sido un aumento del 6,3% en las conversiones. La publicidad de sus colecciones también tuvo un precio un 41,9% menor en comparación con otros formatos publicitarios.

La mejor forma de seleccionar los mejores anuncios de Instagram

Ahora que comprende qué formatos de publicidad de Instagram hay afuera, permítanos sumergirnos en la mejor manera de seleccionar la mejor estructura para usted.

Es vital ser deliberado sobre el formato de su anuncio. Para ayudar, hay una pregunta colosal que desea responder que puede ayudarlo a decidir:

Cuál es mi objetivo
El objetivo de su sitio web social es su estrella del norte para muchas decisiones relacionadas con su propia campaña publicitaria

de Instagram. Puede permitirle decidir qué perseguir e, incluso más, qué perseguir.

Por ejemplo, si está intentando mejorar la conciencia del fabricante, es posible que desee evitar algo como los anuncios de colección, ya que venden productos de inmediato. Alternativamente, debería optar por una fotografía o publicidad de película utilizando un CTA que lo envíe a su sitio. Hacer esto puede permitirle elevar su marca a través de contenido atractivo.

Pero si solo está tratando de comercializar productos, es posible que desee utilizar un anuncio publicitario, que permitirá a los usuarios comprar productos directamente desde el anuncio.

O digamos que tiene varios productos que está lanzando y desea mostrarlos. Un anuncio de carrusel será ideal para esto, ya que puede revelar a los usuarios algunas imágenes atractivas de su mercancía.

Independientemente del formato de anuncio que decida utilizar, asegúrese de que esté siguiendo sus objetivos.

Ahora que conoce los diferentes tipos de formatos de anuncios de Instagram, y también cómo seleccionar uno excelente, permítanos pasar a la precisión con la que puede comenzar una campaña activa de Instagram.

La mejor forma de comercializar Instagram
Hay un par de formas distintas de publicar anuncios en Instagram. Los caminos absolutos iniciarán más recursos y opciones en comparación con otros.

A continuación, es probable que lo guiemos a través de 2 tácticas distintas para hacer un anuncio de Instagram:

Usando el administrador de publicidad de Facebook
Usando Instagram

Saltemos.

La mejor manera de comercializar Instagram con el administrador de publicidad de Facebook

El administrador de anuncios de Facebook le permite crear anuncios que operan tanto en Facebook como en Instagram.

También puede personalizar las audiencias y otras características, y realizar un seguimiento del rendimiento de sus anuncios.

Capítulo 15: Las mejores herramientas para impulsar su página

Herramientas de Instagram: 20 aplicaciones críticas para el crecimiento posterior

Entre los elementos esenciales para tener un Instagram exitoso, la existencia es satisfacer su feed con imágenes magníficas que transmiten la identidad de su marca y el valor de su mercancía.

Incluso si no es un fotógrafo experto, puede producir imágenes excelentes junto con su teléfono inteligente y algunas de las aplicaciones de diseño de Instagram ideales.

1. Vsco (iOS, Android)
Ha pasado algún tiempo porque los bloqueadores predeterminados de Instagram han sido la vanguardia de la edición de fotos móvil. Mientras tanto, así ha surgido desde el campeón reinante de producir hermosas fotografías en movimiento. Parte de la etapa de edición de fotos y el componente del sistema de redes sociales, por lo que debería estar en el centro de cada estrategia de Instagram.

Vsco tiene un paquete de edición integral más una tonelada de filtros predeterminados de alta calidad que podrían disparar las fotografías de su teléfono inteligente a un nivel completamente nuevo. También hay una biblioteca masiva de pantallas en la aplicación superior, que le brinda opciones ilimitadas para personalizar sus fotografías y colocarlas aparte del paquete.

Costo: Gratis para ajustes preestablecidos básicos y herramientas de edición regulares; $ 19.99 / año para obtener acceso al paquete completo de viscosa de ajustes preestablecidos junto con aplicaciones de edición de imágenes / videos

2. Snapseed (iOS, Android, macOS, Windows)
Snapseed es solo otra aplicación de edición de fotos que le brinda la opción de ajustar sus fotos. Aunque los filtros predeterminados de Instagram editan toda la imagen simultáneamente, snapseed le permite aplicar efectos con un pincel para que pueda corregir los detalles de cada fotografía.

Las pilas de Snapseed son otra característica fantástica, que le permite guardar colecciones de filtros como una plantilla. Estas pilas se pueden aplicar posteriormente a posibles fotografías, proporcionando a su alimentación completa una apariencia constante y ahorrándole tiempo.

3. Afterlight (iOS)
Afterlight es una aplicación de imágenes que cuenta con una colección predeterminada de montones de filtros, texturas y anteojos, lo que le brinda muchas alternativas únicas para ajustar sus fotografías desde el principio. Es posible hacer que sus filtros funcionen y guardarlos con numerosos formatos de imagen. Afterlight también incluye herramientas de tipografía que ayudarán a que sus imágenes sobresalgan.

Con su diseño brillante y sencillo, after the light es una aplicación imprescindible y fácil de usar para crear sus fotos de Instagram.

4. Canva (Internet, iOS, Android)
Canva es una aplicación que puede usar para hacer fotos que se destaquen, mientras está en su feed de Instagram en sus historias. Puede superponer texto, producir diseños de múltiples imágenes y dibujar en una amplia selección de imágenes prediseñadas para mejorar sus publicaciones y captar el interés de sus seguidores.

Es especialmente útil para generar historias de Instagram que se destaquen. Si se adhiere a un par de formatos de imagen y fuentes consistentes, entonces puede comenzar a asegurarse de que sus seguidores comprendan constantemente sus publicaciones.

122

Costo: gratis para el diseño de imágenes con pago por uso de las imágenes de arriba; $ 12.95 / mes para el gurú del lienzo, incluidos fondos transparentes y producción de animaciones / gif.

5. Photoshop Express (iOS, Android, Windows)
Eso es correcto, y puede usar Photoshop en su teléfono móvil.

Si bien la aplicación móvil no incluye todos los atributos de la aplicación en segundo plano, le brindará una poderosa experiencia de edición de imágenes que le ofrece un gran control sobre sus imágenes. Acelera el trabajo que haría en su escritorio con herramientas útiles como la eliminación de manchas, que pueden eliminar las manchas, la suciedad y el polvo de la fotografía con un solo toque.

También puede acceder a numerosos controladores, filtros, ajustes preestablecidos y alternativas que no obtendría en ningún otro lugar, como la capacidad de agregar una marca de agua a sus fotografías.

Gratis.

Las mejores aplicaciones de videos de Instagram

No es necesario ser un camarógrafo experto para crear videos atractivos en la cuenta de Instagram de su empresa. Todas estas aplicaciones de video de Instagram facilitan a cualquiera la captura de videos rápidos en sus teléfonos y convertirlos en videos profesionales de alta calidad sin necesidad de sacar una computadora portátil y activar sus aplicaciones de edición de video.

6. Boomerang en Instagram (iOS, Android)
Boomerang es una aplicación creada por Instagram que le permite producir una película en bucle similar a un gif en la sucesión de imágenes. Cuando su película esté terminada, imprímala en Instagram inmediatamente o guárdela para no colocarla después.

Gratis.

7. Lapso de vida (iOS, Android)

Aunque boomerang para obtener Instagram es fantástico para producir videos rápidos tipo gif, life lapse es una aplicación portátil mucho más rica en funciones para generar más videos stop-motion para mostrar su mercancía. Puede tomar tantas fotos como necesite, personalizar las dimensiones de su video, ajustar la velocidad entre imágenes y también agregar audio libre de regalías.

Costo: gratis, junto con compras discrecionales dentro de la aplicación.

8. Escriba (iOS)

La gran biblioteca de animaciones y fuentes de Hypetype hace que sea rápido y sencillo crear subtítulos para varios segmentos de una película tomada con la aplicación o una película cargada que haya considerado anteriormente. Cuando haya terminado, puede colocar su película en Instagram sin apartarse del tipo de publicidad.

Costo: gratis con marca de agua de película; Las compras en la aplicación son accesibles para eliminar la marca de agua o comprar fuentes adicionales.

Las mejores aplicaciones de publicidad de Instagram

Está casi listo para publicar la publicación, pero para ayudar a expandir su alcance y conectarse con más personas, es probable que deba participar con sus seguidores y utilizar varios hashtags. Las mejores aplicaciones de publicidad de Instagram le ayudan a hacer precisamente eso.

9. Volver a publicar para Instagram (Android)

No siempre tiene que ser el hombre detrás del objetivo que toma las fotografías. En caso de que tenga una comunidad de consumidores que publiquen contenido generado por el usuario, entonces puede utilizar la reenvío para que Instagram conserve sus imágenes y les cargue exactamente en el mismo momento.

Para discutir una imagen de la cuenta de Instagram de otra persona por usted mismo, simplemente copia la URL de la charla en la publicación que necesita abrir y comparte la reenvío en su teléfono móvil. Agregará un ícono de puntaje de crédito en la imagen, duplicará la descripción y también lo preparará para publicar en sus cuentas en momentos.

Gratis.

10. Mostrar propósitos (Internet)
Display Purposes es una herramienta de Internet que le brinda un poco más de control dentro de los hashtags que elija para su artículo. Comience con una palabra clave o un hashtag actual y le recomendará otros hashtags para utilizar en su imagen. Es un hermoso aliado para conseguir más seguidores en Instagram dentro de su especialidad.

Puede reducir o aumentar la cantidad de hashtags que desea agregar, y los corchetes de pantalla llenarán sus hashtags en consecuencia. Si desea hacer bricolaje, incluso puede cambiar la selección de la guía y luego seleccionar de una lista que muestra el significado y el reconocimiento de cada hashtag.

Gratis.

Las mejores herramientas de comercio electrónico de Instagram

Si bien enviar sus productos en Instagram es una manera fantástica de cultivar su futuro y aumentar el conocimiento de su empresa comercial, al final de la tarde, es probable que publique en Instagram para aumentar sus ganancias.

Estas aplicaciones facilitan hablar sobre sus propias fotografías de Instagram en su tienda Shopify para que las personas puedan localizar rápidamente los productos que encontraron en Instagram y comprarlos en el sitio web.

1. Feed para compras de Instagram (Shopify)
Los moldeadores atractivos utilizan la subvención para compras de Instagram para mostrar sus fotografías de Instagram en su página de inicio.

Tus fotografías de Instagram no solo son una forma fantástica de participar en posibles clientes en las redes sociales. También pueden revelar el tráfico de su sitio cómo aparecen sus productos en contexto o la forma en que pueden funcionar juntos.

Junto con Instagram Shoppable Feed, puede colocar rápidamente sus fotografías de Instagram en su tienda y etiquetar los productos que aparecen en cada imagen. Y si lo usa en la página de inicio de su tienda, como hot shapers, puede comercializar sus productos y aumentar sus seguidores en Instagram precisamente en el mismo momento.

Costo: $ 4.99 / mes luego de una prueba de siete días.

2. Covet.pics (Shopify)

Al igual que Instagram Shoppable Feed, Covet.pics le permite producir galerías en su sitio a partir de las imágenes de Instagram. Sin embargo, además de mostrar las vistas que ha enviado su organización, Covet.pics también le permite invitar a sus clientes a subir las imágenes de sus productos a su galería.

Puede etiquetar productos en las fotografías de su galería, revelar precios y agregar un botón de compra directa en su ventana emergente. Además, Covet.Pics proporciona análisis completos que muestran el desempeño de sus galerías, junto con métricas como comentarios, citas y también pedidos.

Costo: Gratis para una sola galería y una sola etiqueta de artículo por fotografía; en $ 14.99 / mes para la primera aplicación, que comprende dos galerías, etiquetado multiproducto y carga de fotografías de hábitos.

El mejor software de gestión de Instagram

Para aumentar su audiencia y brindarles a sus fanáticos existentes una razón para quedarse, debe actualizar su Instagram con contenido nuevo con frecuencia. Pero seamos realistas, la mejora continua de su perfil con fotografías frescas requiere mucho tiempo, algo que a muchos emprendedores les falta.

Afortunadamente, encontrará muchas plataformas afuera que le brindan las herramientas que desea para aplicar sus publicaciones de antemano y mantener su perfil bien abastecido con contenido fantástico. Varias de estas herramientas también le permiten publicar en Instagram desde la computadora para que no tenga que depender exclusivamente de la aplicación móvil de Instagram.

1. Sked (Internet, iOS, Android)

Sked es una plataforma de programación con una amplia gama de atributos, como Appming basado en navegador web, para realizar campañas más potentes.

Sked también vendrá con amplias capacidades de imagen. Con su edición de imágenes incorporada, es posible modificar y dispersar sus fotografías más allá de los filtros predeterminados de Instagram. Sked también permite la carga masiva, lo que significa que puede aplicar lotes de imágenes a la vez y ahorrar tiempo en sus propios esfuerzos de promoción de redes sociales.

Costo: desde $ 25 / mes para su plan de autónomo después de una prueba de siete días.

2. Posteriormente (Internet, iOS, Android)

Afterward es una plataforma de programación de redes sociales intuitiva que tiene un conjunto variado de atributos para organizar sus objetivos, incluida la capacidad de investigar hashtags y discutir publicaciones generadas por los usuarios.

Luego, le permite organizar sus publicaciones usando un calendario de contenido útil y encontrar un registro de su feed de Instagram antes de publicar, lo que hace que sea fácil imaginar con precisión cómo se desarrollará su plan.

Además, proporciona subtítulos guardados que pueden ser útiles al planificar y ejecutar su plan de hashtag para Instagram. Guarde colectivamente las clases de hashtags relacionadas para que nunca tenga que volver a publicarlas, o recree sus tácticas efectivas para mejorar la participación en las publicaciones o empuje los clics a su sitio a través de su Instagram biodegradable.

Costo: Gratis para un solo usuario, así como 30 publicaciones de Instagram al mes desde $ 9 / mes para su aplicación plus para un usuario individual, así como 100 publicaciones al mes.

3. Hootsuite (Internet, iOS, Android)
Hootsuite es una poderosa plataforma de administración de redes sociales que puede programar y publicar publicaciones de Instagram.

A pesar de que Hootsuite se ha hecho un nombre al optimizar la publicidad para plataformas como Facebook y Twitter, sus herramientas de Instagram requieren que la gestión de redes sociales vaya un paso más allá. Hootsuite le permite aplicar sus publicaciones de Instagram de antemano y notifica a uno para que las publique utilizando información push o materiales automáticamente si tiene una cuenta comercial de Instagram.

Costo: desde $ 29 / mes para su plan experto después de una prueba de 30 días.

4. Búfer (Internet, iOS, Android)
Probablemente entienda el búfer como una herramienta fantástica para aplicar sus publicaciones en redes sociales para Twitter y Facebook. Sin embargo, también puede usarlo para organizar sus publicaciones de Instagram.

Prepare sus publicaciones desde el escritorio o el dispositivo móvil, y el búfer se publicará directamente en Instagram por usted. Con una aplicación premium, incluso puede producir y aplicar historias de Instagram, incrustar una cuadrícula de Instagram para compras en su sitio y recibir análisis en profundidad sobre el funcionamiento de sus publicaciones de Instagram.

Costo: Gratis para una sola persona, tres cuentas sociales y diez publicaciones programadas, desde $ 15 / mes para su aplicación

Guru o 65 / mes para su aplicación premium después de una prueba total.

Las aplicaciones de análisis de Instagram más excelentes

Mantener su feed de Instagram lleno de fotografías oportunas, aplicables y llamativas no es un pequeño logro. Por lo tanto, debe saber si sus esfuerzos le han ayudado a lograr sus objetivos.

Las aplicaciones de análisis de Instagram ideales le permiten cuantificar la forma en que sus acciones publicitarias de Instagram están afectando su resultado final, y también saber qué tipos de publicaciones tuvieron mucho éxito para que pueda replicar las estrategias que tuvieron el mejor impacto.

5. Sprout social (Internet, iOS, Android)
Sprout Social es una plataforma de gestión de redes sociales con herramientas integrales de publicación y programación de contenido. Sprout social también proporciona análisis detallados de Instagram, lo que le brinda acceso a informes completos sobre el desempeño de sus publicaciones más recientes.

Usando Sprout Social Analytics, podrá rastrear la participación y comparar el logro de las cuentas de su tienda contrariamente al logro de las diferentes cuentas que maneja.

Además, sprout social incluye recursos para rastrear hashtags y comentarios, ayudándote a mantener el dedo en el corazón de su comunidad y descubrir nuevas oportunidades de participación.

Cuesta desde $ 99 / usuario / mes para su plan típico después de una prueba de 30 días.

6. Iconosquare (Internet, iOS, Android)
Iconosquare es una plataforma de análisis comprometida con profundizar en el funcionamiento de sus publicaciones en Instagram.Junto con Iconosquare, puede monitorear la información de participación regular, como seguidores y me gusta, y obtener datos específicos sobre sus seguidores, como su posición y grado

de influencia en las redes sociales. Al identificar a los fanáticos más poderosos, tendrá la capacidad de encontrar oportunidades para promoción y alcance de influencers.

Iconosquare también le brinda la oportunidad de comparar su desempeño con el de la competencia, lo que lo ayuda a tener una idea más clara de dónde puede encajar en su panorama empresarial.

Costo: desde $ 29 / mes para su aplicación Guru luego de una prueba gratuita de 14 días.

7. El usuario obtiene (Shopify)

¿Alguna vez se preguntó si algunos de sus clientes podrían ser un gran problema en las redes sociales? Junto con el usuario, es posible averiguarlo. Esta aplicación de Shopify brinda consejos de redes sociales sobre sus clientes, por lo que puede ordenarlos para descubrir exactamente a quién está buscando.

Puede usar gemas de usuario para determinar cuáles de sus clientes tienen más de 10,000 seguidores en Instagram, o aquellos usan el término "blogger" o "periodista" en sus perfiles de redes sociales para ayudar a desarrollar un esfuerzo de influencia. También es posible verificar los perfiles de todos sus clientes si se está enfocando en un esfuerzo de contenido generado por el usuario específico.

Costo: gratis para hasta 100 clientes al mes; de $ 19 / mes para su aplicación de inicio que admite alrededor de 250 clientes al mes.

Conclusión

Es importante inventar un plan de Instagram antes de comenzar a identificar los métodos con los que trabajar, el tema de sus publicaciones, los objetivos que le gustaría lograr y el tipo de contenido que le gustaría compartir. También debe tener una aplicación constante para enviar que debe seguir. La coherencia es un aspecto integral de cualquier campaña publicitaria de Instagram exitosa, y es una buena idea ser constante en el tiempo, la sensación y el aspecto de sus publicaciones.

Sin embargo, para comprender mejor esto, es necesario conocer los conceptos básicos de Facebook Marketing Secrets 2021 y YouTube Marketing Secrets 2021. Estos dos libros arrojan más luz sobre el meollo del nicho de Social Media Marketing y esto largo camino para beneficiarte a ti, sus marcas y el reconocimiento que traen consigo.